KB269270

세상을 움직이는 에너지

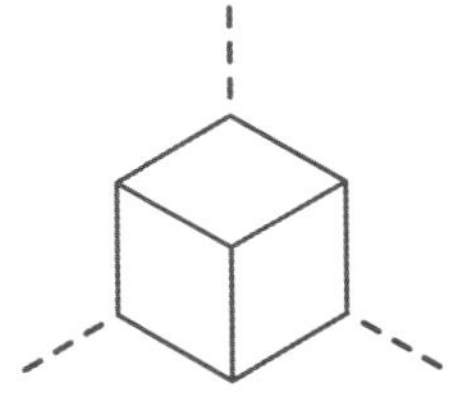

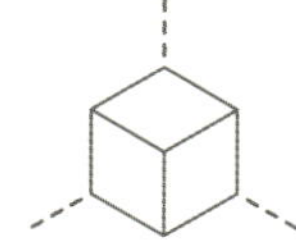

세상을
움직이는
에너지

Micro Energy Grid

집필진

K-MEG 사업단

강호석, 권영민, 양원영, 윤연주, 현지숙, 정근수(삼성물산), 김남균, 정해주(KT), 최인선, 조현진(효성), 허재용, 최원용(나라컨트롤),
박건우, 노진아(케이디파워), 강정훈(전자부품연구원), 홍용철, 신동훈(국가핵융합연구소), 손성용(가천대학교), 이재형(비쥬드림), 이정우(삼천리)

기획: 한송수, 양원영, 김원근
편집: 이재훈, 서지아, 최애란
디자인: (주)플렉엠

초판 1쇄 발행: 2014년 6월 11일
출판 등록번호: 제 25100-2010-154호
발행처: 팬덤북스
서울특별시 마포구 성산로 144 교홍빌딩 305호
Tel. 070-8821-4312 Fax. 02-6008-4318

ISBN 978-89-94792-86-6 13320

http://www.k-meg.org

인류의 새로운 길을 개척하다

마이크로 에너지 그리드
새로운 길을 개척하다

황대진 (K-MEG사업단장/삼성물산 CTO)

저희 K-MEG 사업단은 60여 개 기관이 함께 참여하여, 이전에는 없었던 '마이크로 에너지 그리드'라는 새로운 에너지 패러다임을 재창조하고 있습니다.

전력, 가스, 열로 나뉘어 독자적인 망을 형성하고 있었던 에너지원들을 하나의 부대에 담아 한꺼번에 고민하는 첫 과제이며, 에너지 생산과 소비 효율을 에너지 소비자의 입장에서 고려하는 사용자 중심의 시각을 표방하고 있습니다.
이것은 소수의 에너지 공급자를 중심으로 발전했던 에너지 산업을 다수의 사용자를 중심으로 균형 있는 소비와 공급의 장을 열어 줄 새로운 전환점으로 작용할 수 있으리라 생각합니다.

K-MEG은 다른 R&D과제와는 다르게 기술개발 보다는 실증을 통한 사업화를 위주로 기획되어 구로의 2,500여 대의 AMI 구축을 통해 지능형 전력망 시범사업의 인프라를 마련하고, 광교테크노밸리에 건물 에너지 효율 및 에너지 클러스터를 구축하고 세종시에도 K-MEG을 활용한 관공서 에너지 효율화 사업을 적용하고 있으며, 북유럽 최대의 연구기관인 핀란드 VTT 단지의 80여 개 건물 에너지 모니터링 시스템 구축하는 등, 해외 어떤 실증단지에서도 구현되지 못했던 질적 · 양적 성장을 이루어가고 있습니다. 이밖에도 미얀마의 태양광발전을 활용한 오프그리드 실증사업, 시화 산업단지의 열 그리드 사업 등 실제 사업의 모습을 갖춘 실증 사이트도 순항 중에 있습니다.

실증을 하면서 일구어낸 결과를 토대로 머지않아 사업화 및 해외 시장 진출 등과 같은 좋은 결과를 이뤄낼 것이라 생각합니다.

처음 과제가 기획되고 첫 걸음을 시작했을 때는 K-MEG이라는 것이 어떤 방향으로 흘러갈지 많은 분들이 우려하고 많이 궁금해 했으나, 3년이라는 시간이 지난 지금, 우리가 많이 고민하고 노력하여 수행해 온 결과들이 수요 관리 중심의 에너지 정책, 분산형 발전 시스템 구축 등의 주요 내용이 제2차 국가 에너지 기본계획에 담겨지고 국가 에너지 정책의 방향으로 제시되는데 조금이나마 역할을 할 수 있었다고 생각합니다.

K-MEG사업을 수행하면서 밤낮 가리지 않고 수고하시는 모든 분들의 노고에 감사드리며, 앞으로도 K-MEG사업으로 좋은 성과를 많이 이루어 내시리라 기대합니다.

아무쪼록, 많은 독자들이 이 책을 읽으시고 K-MEG에 대한 올바른 이해를 갖고 K-MEG 확산을 통한 에너지 패러다임 변화에 함께 하시기를 바랍니다.

마이크로 에너지 그리드 확산을 기대하며

안남성 (한국에너지기술평가원장)

에너지…
우리 삶과 결코 뗄 수 없고 요즘 어디서나 흔하게 들을 수 있는 단어이지만 일반 시민들로서는 한 번 더 보게 되면 왠지 쉽게 다가오지 않는 말이기도 한 것 같습니다.

일을 할 수 있는 능력, 일의 양 같은 사전적 의미와 함께 삶의 에너지, 긍정 에너지와 같은 생활 속 의미까지 쓰임도 참 다양합니다. 이러한 생활 주변에서의 친숙함과 낯설음의 경계를 넘어 이제 전 세계적으로 에너지는 정치, 경제, 사회 모든 분야에서 가장 중요한 이슈가 되고 있습니다. 에너지 기술 확보가 국가경쟁력을 좌우한다고 해도 과언이 아닐 것입니다.

이 책에서 다루는 K-MEG(Korea Micro Energy Grid)은 한국에너지기술평가원에서 야심차게 추진하고 있는 에너지 기술개발 과제의 이름임과 동시에 에너지 생산과 사용을 효율적으로 운영하여 에너지 자족을 구현할 수 있는 종합적인 솔루션을 의미하며 이는 에너지 기술이 궁극적으로 만들어 나갈 목표인 사람, 사물 및 기술 간의 정보가 제한 없이 상호 소통하는 IoT 기반의 초공유 사회로 나아가는 초석이 되는 기술로 발전해 나아가고 있습니다.

이를 통해 다양한 기술이 접목되고 융합되어 총체적으로 에너지 자족이라는 목표달성을 실증함으로써 새로운 비즈니스 모델을 제시하여 사업화와 함께 에너지 기술을 통한 창조경제 생태계를 구현할 수 있을 것으로 기대하고 있습니다.

이러한 K-MEG의 주요 개념은 최근 산업부와 한국에너지기술평가원이 에너지 공급과 수요의 균형, 기후변화 대응, 분산전원 등 에너지 기술 패러다임 변화에 대응하여, 깨끗하고 안전한 에너지 공급, ICT 기반의 에너지 수요관리, 혁신적 에너지기술을 통한 신시장 창출이라는 목표달성을 위해 준비하고 있는 17대 ETI(Energy Technology Innovation) 프로그램에도 많은 부분이 담겨져 있습니다.

이 책을 통하여 에너지 R&D 과제를 통해 정립된 개념이 대중에 널리 알려질 수 있는 좋은 기회가 되기를 진심으로 기원하며, 공급자 중심의 에너지 패러다임이 소비자 중심으로 옮겨가는 이 시점에 많은 분들이 이 책을 읽으시고 에너지에 대한 이해를 높여 마이크로 에너지 그리드의 확산이 이뤄지는 데 힘을 실어 주시기 바랍니다.

평화롭고 희망찬 그린 에너지 세상을 꿈꾸며…

K–MEG,
ICT 융합 에너지 산업의 미래상

황창규 (KT 회장 / 前 지식경제 R&D전략기획단장)

전력소비가 폭발적으로 증가하면서 대한민국의 최대 전력치는 1980년대부터 10년을 주기로 최근까지 2배 이상 증가하고 있습니다. 이에 국가에서는 에너지 기본계획, 전력수급계획 등의 장기 정책을 수립하고 피크 전력설비 확대 등 많은 노력을 기울이고 있지만, 막대한 경제적 · 사회적 비용이 수반되어 추가적인 시설 확대는 어려운 상황입니다.

이에 따라 에너지 패러다임이 공급 중심의 정책에서, 아껴 쓰고 나눠 쓰고 만들어 쓰는 형태의 수요 중심으로 변화하고 있습니다. 이를 실현하기 위한 최적의 대안으로 ICT 기반의 마이크로 그리드가 부상하고 있습니다.

미래학자 토머스 프레이가 2030년의 미래 기술 중 하나로 마이크로 그리드를 언급하면서 누구나 전기 에너지를 만들어 소비하고 거래하는 시대가 올 것이라고 예측하였으며, 해외에서는 이러한 변화에 대해 적극적으로 준비하고 있습니다. K–MEG은 전기 · 가스 · 열 등 다양한 에너지원의 생산과 소비를 통합적으로 관리하고, 빌딩, 산업단지 및 도시 단위의 에너지 최적화를 실현함으로써 변화하는 에너지 패러다임에 가장 적합한 솔루션입니다.

또한, 향후 끊김 없고 스마트한 IoT (Internet of Things), 클라우드 컴퓨팅, 실시간 에너지 빅데이터 처리 등 ICT와 결합하여 에너지 생산–소비의 최적화, 에너지 프로슈머화 및 지능형 에너지 거래를 가능케 하여 대한민국을 에너지 수입 국가에서 에너지 기술 수출국으로 변화시킬 핵심 기술이 될 것입니다.

마이크로 에너지 그리드는 다소 생소하고 어려운 기술로 느껴질 것입니다만, 이 책을 통하여 K–MEG이 어떻게 일상생활을 쾌적하고 스마트한 에너지 자급자족 환경으로 바꾸게 될 것인지, ICT와 융합하여 새롭게 재창조된 에너지 산업의 미래상이 어떻게 투영될 것인지 같이 공감하고 이해할 수 있는 계기가 되었으면 합니다.

감사합니다.

Micro Energy Grid

변화를 위한 새로운 혁신
에너지가 소비자에 의해 재생산된다

마이크로
에너지 그리드
새로운
에너지 패러다임의
변화를 모색하다

이 책에 등장하는 인물

한임무 팀장

팀의 리더로서 책임감이 강하고
맡겨진 일에는 무슨 일이든지 하고야 만다.
K-MEG 팀의 주춧돌 역할을 하는 인물.

고민만 과장

매사에 신중한 성격이다.
일처리가 꼼꼼해서
신뢰가 가는 인물.

양심희 대리

양심에 거리끼는 일을
절대로 하지 않는
성격의 소유자.
정의로 똘똘 뭉친 인물.

전무관 대리

나와 상관없는 일에는
무심한 듯 보인다.
그렇지만 간혹 엉뚱한
호기심도 보이는 인물.

나대기 사원

K-MEG 팀에 합류한 신입 사원.
모든 일에 물불가리지 않고
투신하는 인물.

전설의 팀
K-MEG이 탄생하다

책임감의 화신으로 불리는 한임무 팀장. 회사 내에서 가장 신뢰받는 인물이다. 쓰러져가는 팀도 그가 맡으면 메이저가 된다. 사내에서 외인구단이 생기면 모두 한 팀장을 찾는다. 새로운 팀이 만들어진 것이다.

한 팀장이 새로 꾸린 팀의 이름은 〈K-MEG〉. 한 팀장은 가슴이 뛴다. 획기적인 이번 팀의 프로젝트가 어떤 모습으로 진행될지 벌써부터 궁금해진다.

한솥밥을 먹게 될 팀원들이 사무실로 하나둘씩 모여든다. 제일 먼저 무심한 표정으로 등장한 전무관 대리. 늘 회사 일에 무관심한 것 같지만 업무는 똑부러지게 잘하는 전무관 대리. 무관심한 태도는 단지 그의 성격일 뿐이다.

이어 사내에서 정의의 사도로 불리는 양심희 대리가 들어온다. 양 대리는 모든 여성 사원들의 로망이다. 뒷풀이 자리에서 무리하게 술잔을 돌리는 부장에게 사과를 받아내는 할말은 하는 인물이다.

양심희 대리의 바로 뒤에 걱정스러운 눈빛을 보내며 고민만 과장이 따라 들어온다. 고민이 너무 많아 일의 진척은 느리지만 일의 꼼꼼함은 그를 따라갈 자가 없다. 실수율 0%를 자랑한다. 모두 회사 내에서 전설적인 인물들이다.

이제 우리는 함께 가는 것이다. 한 팀장은 팀원들과 눈을 맞춘다. 주먹을 불끈 쥐며 결연한 의지를 불태운다.

"한임무 팀장입니다. 회사 내에서 잘 알려진 유능한 분들이 우리 팀에 합류하게 되어 기쁩니다. 우리 K-MEG팀의 목표는 '마이크로 에너지 그리드 (Micro Energy Grid, MEG)'라는 새로운 개념을 활성화 할 수 있는 기술과 사업방안을 개발하는 것입니다. 한국형 마이크로 에너지 그리드라는 의미에서 Korea를 덧붙여 K-MEG이라 부르기로 했습니다. 그럼 오늘은 마이크로 에너지 그리드, MEG에 대해 의견을 나눠 보도록 하겠습니다."

한 팀장의 첫마디에 팀원들은 떠들썩 하다. 고민만 과장은 벌써부터 한숨을 쉬고 있고 전무관 대리는 자신은 MEG이 맥도날드인지 알았다며 쓸데없는 농담을 늘어놓는다. 양심희 대리는 메모를 하며 연신 영어의 스펠링을 다시 불러 달라고 한다. 한 팀장은 앞으로의 일들이 눈앞에 보이는 듯 씩 하고 웃어 보인다. 그때 사무실 문을 열고 수줍은 청년 하나가 인사를 한다.

"안녕하십니까. 이번에 새롭게 입사하게 된 나대기 사원입니다. 선배님들 잘 부탁드립니다. 열심히 하겠습니다!"

"아! 이번 팀에 신입사원도 한 명 들어온다고 했지. 맞아."
나대기 사원 덕분에 막내를 면하게 된 전무관 대리는 누구보다도 신입사원을 반긴다.

"나대기 사원, 반갑습니다. 나대기 사원은 마이크로 에너지 그리드가 뭐라고 생각하나요? ”

“예. 나대기입니다. 그러니까 매크로가 아닌 마이크로 한 에너지 사용 단지입니다.”
갑자기 당황한 나대기 사원, 그냥 생각나는대로 일단 대답한다.

“네, 그렇죠. 맞습니다. 나대기 사원. 마이크로 에너지 그리드는 우리가 사용하는
에너지원을 지역 단위로 서로 연계하여 효율적이고 저렴하게 쓸 수 있게 만들고
자 합니다.
매크로 그리드는 광범위한 전력망이어서 구축 초기에 돈이 엄청 많이 듭니다. 또
운영할 때에도 유연성을 가지기 힘들다는 어려움이 있어요. 지금 우리나라의 전력
난이 심각합니다. 몇 년 전에는 잠깐 전기가 끊긴 적도 있었죠. 또 중요한 에너지원
으로 사용하는 화석 연료도 고갈될 위기에 처해 있습니다. 이런 상황에서 매크로
그리드의 운영과 전력의 소비를 어떻게 효과적으로 할 것인가에 대한 관심이 아주
높습니다. 그럼 양 대리가 마이크로 에너지 그리드(Micro Energy Grid)와 K–MEG
에 대해 좀 더 중점적으로 설명을 해 볼까요?”

“예. 양심희 대리입니다. 마이크로 에너지 그리드는 우리가 일상적으로 사용하는
에너지를 효율적으로 관리하기 위한 시스템입니다. 그렇다면, 우리가 일상생활에
서 사용하는 에너지는 무엇이 있을까요? 전무관 대리님? ”

“아이. 양 대리는 꼭 나만 못살게 구는 경향이 있더라. 그러니까 우리가 사용하는
에너지는 뭐 전기… 전기 아니겠어요?”

“예. 전기가 가장 많이 사용하는 에너지이죠. 또 어떤 에너지가 있을까요? 제가 제
일 좋아하는 고민만 과장님?”

고민만 과장은 오랜 고민 끝에 한 마디 내놓았다.
“음… 열이 아닐까요. 보일러나 뜨거운 온수 등을 덥힐 때 사용하는 열.”

“예. 맞아요. 과장님. 우리가 사용하는 에너지는 전기, 열, 가스 등이 대부분인데요.
이러한 에너지는 시간대별로 장소별로 에너지 사용량이 모두 달라요. 낭비되는 경

우도 많고 때에 따라 부족한 경우도 있죠. 그래서 이런 불필요하게 소비되는 에너지를 저장하고 분산하여 에너지의 낭비를 줄일 수 있는 시스템을 만드는 게 바로 마이크로 에너지 그리드입니다. 이 마이크로 에너지 그리드의 새로운 한국형 모델이 바로 K-MEG 인 거죠.
먼저 궁금한 점이 있는데요. 팀장님께서는 마이크로 에너지 그리드에서 가장 중요한 가치가 무엇이라고 생각하십니까? 마이크로 에너지 그리드라는 말에 대해서는 알긴 알겠는데 팀장님의 의견도 듣고 싶습니다."

"어? 이거 질문을 거꾸로 해오시네. 하하. 지금까지의 에너지 정책은 공급자 위주의 정책이었죠. 전기가 모자라면 발전소를 짓고 열이 모자라면 열병합발전소를 짓는 식이죠. 하지만 이제는 에너지를 바라보고 접근하는 태도가 공급자 위주가 아닌 사용자의 입장에 서야 한다고 봐요. 사용자의 입장에서 어떻게 하면 매크로 그리드의 의존도를 낮추면서 효율적으로 에너지를 분산, 저장하여 사용할 수 있을까. 또한 사용자의 입장에서 어떤 시스템을 갖추고 있으면 효과적으로 에너지를 절감하며 사용할 수 있을까 라는 생각에서 접근해야 한다는 거죠. 이런 관점을 가장 잘 보여주는 고민의 결과가 바로 마이크로 에너지 그리드이라는 겁니다. 자. 이제 대충 감이 오시죠?"

"질문 있습니다! 나대기 사원입니다. 그럼 구체적으로 어떤 일을 한다는 겁니까? 저는 빨리 나가서 에너지를 만드는 일에… 아니 에너지를 효과적으로 사용하는 일을 하고 싶습니다."

나대기 사원의 저돌적인 열정에 모두들 한바탕 웃었다.

이때 고민만 과장이 슬며시 일어나 말을 거든다.

"제가 오랫동안 이것에 대해 고민해 봤는데요. 마이크로 에너지 그리드에 대해 조금 설명해 볼게요. 공장이 위치하는 산업단지를 예로 들어 볼까요. 먼저 열을 어떻게 사용할 것인가 생각해 보죠. 일반적인 산업단지의 열 시스템은 중앙의 열병합발전소에서 전기와 스팀을 생산하여 단지에 공급하는 방식입니다. 그런데 이 열에너지는 공장을 가동한 후에는 그대로 버려지고 있죠. 또 산업단지의 폐기물은 자체 소각로를 통해 태우는데 이때 발생하는 소각열도 그대로 버리고 있어요. 참 아깝습니다. 그래서 K-MEG 시스템은 산업단지에서 사용하고 버려지는 폐열을 수집한 뒤, 히트펌프를 이용하여 온수로 재활용할 예정입니다. 이렇게 되면 산업단지에서 에너지를 더욱 효율적으로 사용할 수 있지 않을까요. 오래 고민한 끝에 계획한 내용입니다."

"와… 고 과장님. 정말 잘 설명해 주시는데요. 계속 해 주세요. 이제 좀 알겠어요."

"음. 그래요? 흠흠. 그럼 계속해 볼까요. 그다음 우리가 근무하는 빌딩의 전기를 예로 들어 볼게요. 사무실에서는 일과 시간과 날씨 등에 따라 전기 사용량이 다르죠. 춥거나 더우면 전기 사용량이 증가하고, 낮 시간이 야간에 비해 전기를 많이 사용하죠. 마이크로 에너지 그리드는 계량기, 냉난방, 플러그, 조명 등을 새로운 시스템으로 개선하여 다양한 기기들이 동시에 가동되지 않고 분산가동 되게 하는 등 제어합니다. 이런 것으로 전기의 에너지를 분산하여 사용할 수 있고, 최대치를 낮추는 효과를 볼수 있죠."

"고 과장. 완벽히 이해하셨네. 고 과장이 팀장을 해도 되겠어요. 하하. 덧붙여 말씀드리면 이런 시스템이 하나의 빌딩에서만 끝나는 것이 아니라 각 빌딩의 시스템이 유기적으로 이어져 서로 도움을 주고 받으면 좋겠죠. 유기적으로 연결된 빌딩들이 하나의 단지를 이루고, 또, 이런 단지들이 모이면 마을이 되고, 도시가 될거에요. 축구를 예로 들면 선수 개개인이 팀으로 모여 전략을 구사하고 팀이 모여 리그를 구성하는 것과도 같죠."

"그럼 나머지에 대해서는 제가 얘기할게요. 신입 나대기 사원. 잘 받아 적으세요. 앞으로 현장에 나가고 싶으면 제대로 파악해서 나가야죠. MEG에서는 가스 그리드와 히트펌프를 이용하여 냉온수나 전기를 생산하여 공급하기도 합니다. 기존의 지역난방이나 전기난방보다 더 효율적인 방식으로 개선하는 거죠.
또한 풍력, 태양력 등의 신재생 에너지와 신기술인 플라즈마를 이용한 복합발전을 통해 새로운 에너지를 생산하기도 합니다. 이런 전기, 열, 가스, 신재생 에너지 등은 모두 통합 운영 센터를 통해 마이크로 에너지 그리드에서 서로 유기적으로 정보를 교환합니다. 이렇게 상호보완적인 시스템을 마련하면 최적화된 마이크로 에너지 그리드를 만들어낼 수 있습니다.

이런 개념을 가지고 우리 K-MEG팀에서 발전시킬 한국형 마이크로 에너지 그리드 모델을 제안해 볼까 합니다. K-MEG은 산업단지 중심 상품, 빌딩단지 상품, 주거복합 상품, 독립지역 상품 등 다양한 상품으로 사업화하려고 합니다. 그럼 관련 자료나 도표를 한번 볼까요?"

양심희 대리는 준비한 도표와 자료를 팀원들에게 보여주며 설명을 한다.

"고민만 과장과 양심희 대리 정말 수고 많으셨어요. 마지막으로 몇 마디 덧붙이면서 이번 회의를 마치지요. 에너지를 생산하고 소비하는 과정은 하나의 흐름으로 이어져 있어요. 발전소에서 송전소를 거치고 다시 전봇대를 거쳐 최종 소비자인 여러분들의 방 안까지 들어가죠. 가스와 열 에너지도 마찬가지에요. 그런데 문제는 전기, 가스, 열 에너지 모두 각각 다른 생산자와 소비자의 구조를 가지고 있어요. 여러분들은 가스비와 전기세를 각각 따로 납부하고 그것을 생산하고 운영하는 사업자도 모두 다르죠. 전기, 가스, 열 모두 다른 사업자와 유통을 가지고 있어서 각 에너지가 서로 교환될 가능성이 전혀 없어요.
하지만, 마이크로 에너지 그리드에서는 이게 가능하다는 겁니다. 각 에너지를 나누고 옮기는 게 가능하다는 얘기죠. 그렇게 되면 정말 효율적으로 에너지를 사용할 수 있게 되겠죠? 이것을 에너지원 간의 전환, 건물 간의 에너지 공유라고 하는데 마이크로 에너지 그리드는 이것을 가능케 하는 시스템이라는 거죠. 에너지원들은 모두 독립적으로 생산되고 존재하지만 이것의 생산, 소비, 운영을 통합하고 서로 연결하는 하나의 망을 만들자는 겁니다. 이러한 망이 아우르는 물리적 범위는 건물군부터 단지, 지역, 도시까지 확대될 수 있어요. 이제 마이크로 에너지 그리드라는 말이 생소하지는 않죠?

마이크로 에너지 그리드라는 새로운 개념을 정립하고, 현장에 적용 가능한 시스템을 만드는 것이 바로 우리 K-MEG팀의 목표입니다. 이제 오늘 회의를 끝냅시다,"

그때 회의에서 한 마디도 못 하던 전무관 대리가 벌떡 일어나 말했다.
"오늘 점심은 제가 삽니다. 이런 획기적인 일이 있다니! 정말 가슴이 뛰는군요."

K-MEG
Micro Energy Grid

사업명	한국형 마이크로 에너지 그리드(Korea Micro Energy Grid)

사업 전담 기관 한국에너지기술평가원

사업단 구성
- 총괄주관 : 삼성물산(주)
- 참여사 : 주관 기관 포함 44개 수행 기관(3차 년도 기준)
  대기업(8개 사), 중소기업(23개 사), 기관/학교/연구소(13개 사)

사업 개요
- 산업통상자원부 5대 미래산업선도기술개발 과제 中 에너지 분야 과제
- 스마트 그리드, 분산전원, 최종 에너지(열, 전기, 가스, 공기, 물 등) 사용 기술을 용합한
  차세대 에너지 기술 개발 및 세계 최초의 에너지 효율 종합기술 상용화 과제

사업 수행 기간
- 기획 단계 : 2011. 01 ~ 2011. 06
- 본 단계　 : 2011. 07 ~ 2014. 09

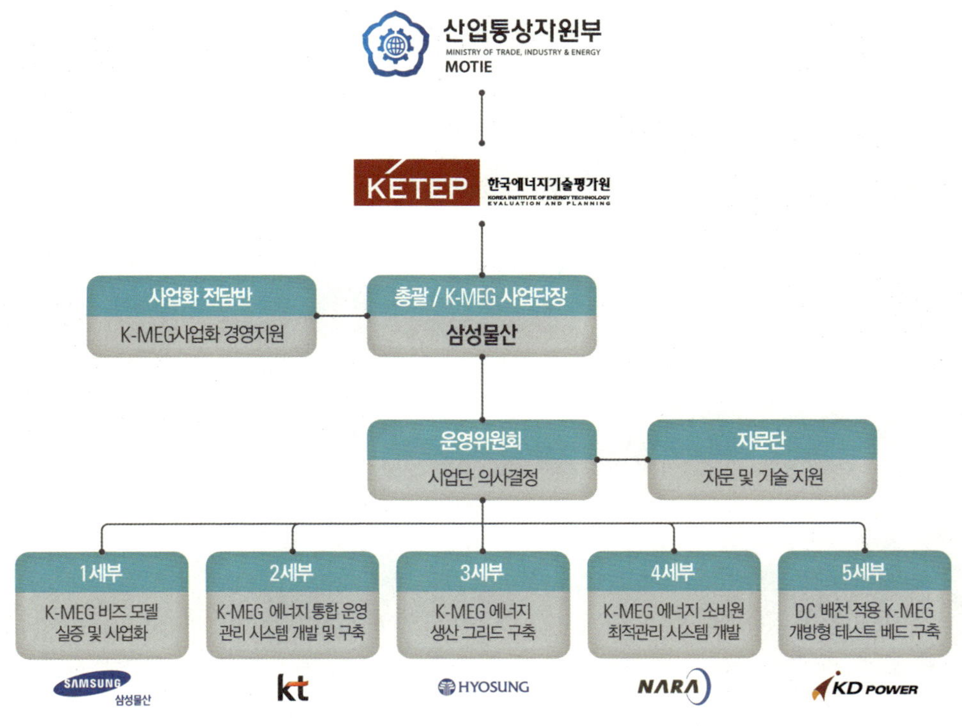

[K-MEG 사업단 조직도]

[K-MEG 사업단 참여기관]

AGREEMENT SIGNING
EG VTT Eco Camp
November 10
K-MEG Guardian Building Proj
Signing Ceremony
SAMSUNG K-MEG
CEWIT 2012
Infra/City
Home
Transportation
2012 KOREA MICRO ENERGY GRID
K-MEG FORUM
실증사업지 선정
K-MEG

MICRO
ENERGY GRID
GSBC Energy Management Center
Korea's National Future Flagship R&BD Program
Korea Micro Energy Grid
Korea Micro Energy Grid
See the Policy of
Korea Energy Technology
K-MEG Korea Micro Energy Grid
산업통상자원부
MINISTRY OF TRADE, INDUSTRY & ENERGY
MOTIE
KETEP 한국에너지기술평가원
KOREA INSTITUTE OF ENERGY TECHNOLOGY
EVALUATION AND PLANNING
SAMSUNG
SAMSUNG C&T
SAMSUNG
SAMSUNG SDI
HYUNDAI
MOTOR GROUP
EAGON
44
PARTNER
WORK
TOGETH
FOR
K·MEG
Home
Transportation

에너지 패러다임을 바꾸다

Micro Energy Grid

현대 사회에서 에너지는 늘 존재하지만 소중함을 생각하지 못하는 공기와 같이 늘 우리곁에 함께한다. 점점 거대화·집중화 되는 도시의 성장 속에서 다양한 형태의 에너지는 도시를 유지하는 데 꼭 필요한 요소이다. 우리나라는 급격한 산업화를 거치며 발전한 국가 전력망과 지역별 사업체로 발전한 도시가스, 지역난방을 통해 에너지를 공급하는 형태의 인프라를 구축하여 도시에 에너지를 공급해왔으나 50여 년이 지난 지금 중앙공급식 에너지 수요와 공급의 한계와 문제점을 드러내고 있다.

Story 1에서는 이러한 중앙공급식 에너지의 대안으로 마이크로 에너지 그리드를 소개하고자 한다. 1장에서는 에너지 소비의 변화와 그에 따른 효율적인 이용방안을 소개하고 현행 에너지 관리의 문제점을 제기한다. 2장에서는 마이크로 에너지 그리드에 대하여 정의하고 이를 위한 관리 단위인 마이크로 에너지 블록의 개념을 제시한다. 3장에서는 마이크로 에너지 블록이 구현될 수 있는 ICT 시스템의 개념과 실제 구축하여 운영 중인 K-MEG 에너지 통합 운영 센터(E-TOC)에 대하여 소개한다. 4장에서는 마이크로 에너지 그리드가 실현되기 위해 선행되어야 하는 조건과 제도적 지원을 살펴 보며 마이크로 에너지 그리드가 새로운 패러다임으로서 성공할 수 있을지 전망해 보고자 한다.

※본문 내용의 일부는 『K-MEG 모듈형 에너지 관리 모델 체계 설계』 기술보고서(가천대학교 스마트 그린홈연구센터, 2013)를 참고하였습니다.

01

Energy

다양한 에너지 관리의
한계를 극복하다

에너지 소비의 변화

평소 알뜰하기로 소문난 왕소금 여사, 매달 청구되는 전기요금과 가스
요금을 어떻게 하면 줄일 수 있을까 늘 고민한다. 형광등 꺼라. 가스불
꺼라. 플러그 뽑아라. 오늘도 남편과 아이들에게 잔소리가 계속된다. 가
족들도 귀찮기는 하지만 소금여사의 마음을 알기에 낭비되는 에너지가
없는지 집안 구석구석을 살핀다.

이렇게 소비자들은 전기, 가스와 같은 에너지의 사용을 줄임으로써 에
너지의 소비를 줄이려 노력한다. 쓰지 않으면 그만큼 비용이 절약되기
때문이다. 얼마 전 블랙아웃을 경험한 국민들은 국가의 에너지가 부족
함을 알고 애국지사의 마음으로 에너지 절약을 위해 노력한다.

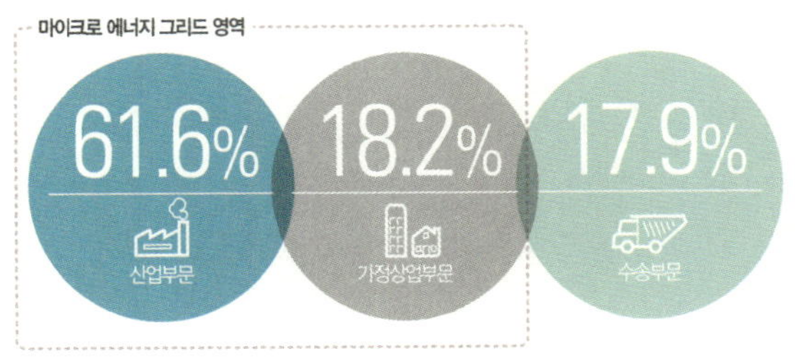

[국내 에너지 사용 비율]

그럼 단순히 쓰지 않는 방법 이외에 에너지를 효율적으로 쓸 다른 방법
은 없을까?

이러한 고민은 소비자, 국가의 에너지 공급 담당자, 에너지 연구자들의
공통된 고민, 관심거리이다.

21세기는 문명이 발달한 사회이다. 문명사회에서는 에너지를 아주 손쉽
고 간단하게 사용한다. 스위치를 켜면 전기가 들어온다. 밸브를 돌리면
가스가 켜지고, 단추를 누르면 난방 보일러가 돌아가고 에어컨이 켜진
다. 하지만 이렇게 편리한 전기도 전 세계 인구의 1/5은 쓸 수 없다고 한
다. 현재에도 가난하고 낙후된 곳에서는 전기를 사용하지 못하고 있다.

에너지는 이러한 불평등의 문제까지도 안고 있는 것이다.

에너지관리공단에 의하면 우리나라 에너지 소비는 산업부문이 61.6%, 가정상업부문이 18.2%, 수송부문이 17.9%를 차지한다.(KEMCO 2013 에너지절약통계핸드북) 선진국의 경우 산업부문이 40% 정도를 차지하고 수송 및 가정상업부문이 각각 30% 정도를 차지한다고 한다. 우리는 산업부문의 비중이 아주 높은 편이다. 운송의 경우를 제외하면 에너지는 대부분 공장, 건물, 집 등처럼 건물에서 소비한다. 선진국은 가정상업부문의 에너지 사용이 산업부문보다 늘어나고 있다. 우리나라도 점점 가정상업부문의 비중이 더 높아질 것으로 예상하고 있다. 그러므로 이제는 건축물에서 사용하는 에너지 관리가 더 중요한 때가 되었다.

01 : 에너지 요금

고민만 과장

저도 아파트에 사는데요. 지금까지 무심결에 그냥 지나쳐왔던 아파트 관리비 고지서와 가스 요금 고지서를 다시 한 번 살펴 보며 고민해 보았습니다. 전기요금와 지역난방비는 관리비 고지서에 연계되어 있고, 도시가스는 따로 납부하게 되어 있네요. 세 가지 모두 용도에 따라 서로 다른 요금체계를 가지고 있고, 각각 기본 요금과 사용량 요금으로 구성되어 있더군요.
K-MEG은 사용자 중심의 에너지 효율화를 통해 이렇게 따로 공급되고 있는 에너지를 서로 연계하며 각 에너지원의 시간대별 가격이나 갑작스런 변화에 대응하고자 합니다. 아파트의 주민들이 에너지 고지서를 하나만 내도 되는 날이 언젠가 올 것으로 예상되네요. 그럼 저의 고민도 좀 들어들지 않을까요?
지역난방요금, 가스요금, 전기요금에 관한 자세한 사항은 각 기관별 온라인 홈페이지에 자세히 소개되어 있습니다. 한번 클릭해 보세요.

한국지역난방공사 열요금표 : http://www.kdhc.co.kr
한국도시가스협회 NG 권역 도시가스 요금 : http://www.citygas.or.kr
한국전력 사이버지점 전기요금표 : http://cyber.kepco.co.kr
홈페이지를 소개하는 김에 저희 K-MEG 홈페이지도 방문해 주세요. http://www.k-meg.org

에너지 효율적으로 이용하기

어떻게 하면 에너지를 효율적으로 사용 할 수 있을까? 가장 좋은 방법은
건물을 지을 때부터 에너지를 고려하여 설계하고 시공하는 것이다. 좋
은 단열재를 사용하면 겨울은 따뜻하고 여름은 시원하게 생활하면서 에
너지 비용을 줄일 수 있다. 적절히 창문을 배치하여 햇볕을 활용하면 낮
에 조명에 사용되는 전기를 절약할 수 있다.
또 다른 방법은 형광등이나 백열등을 LED로 교체하는 것으로 기존에 설
치되어 있던 기기를 교체하는 과정에서 비용이 발생하지만 장기적으로
보면 설치비용보다 더 많은 에너지 비용을 절약할 수 있다.

이밖에 지능적인 기능을 가진 건물 관리 시스템을 건물에 적용하는 방
법도 있다. 사람이 없는 방에는 조명, 냉난방이 필요 없다. 건물 관리 시
스템과 연계된 센서가 설치된 경우 움직임, 온도, CO_2 등의 요소를 통해
사람이 없음을 인식하고 관리 시스템을 작동시켜 에너지를 효율적으로
운영 관리할 수 있다. 기술을 적용한 방법은 단순히 에너지 사용량의 통
제를 통한 방법보다 효율적인 에너지 관리가 가능하다.

에너지 관리의 현재

에너지는 다양한 관점으로 관리되고 있다. 화석 연료를 에너지로 사용
하는 과정에서 환경을 파괴하는 여러 물질들이 발생한다. 그중 CO_2는
온실효과를 가져와 통제가 필요하다. 지속가능한 발전을 위한 유엔 기
후협약을 통해 CO_2를 통제하고 있으며 우리나라도 동참하고 있다. 정부
에서는 CO_2 감축목표를 설정하고 총 에너지를 얼마나 사용하는가에 따
라 에너지를 관리한다. 이것이 국가적 관점의 에너지 관리이다.

이와는 다른 사용자 관점도 존재한다. 사용자는 개인, 공장, 건물 등이 해당되는데 에너지 관리가 반드시 필요하다는 생각보다는 비용 절감의 목적이 더 강하다. 각 주체들이 자체적으로 에너지 비용을 줄이거나 정부에서 시행하는 규제 등을 통해 에너지를 관리한다. 해마다 여름철 겨울철에 시행되는 공공기관 중심의 실내 온도 규제가 좋은 사례이다. 일부 대기업과 재정 여유가 있는 건물에서는 전문적인 관리 시스템을 도입하여 에너지를 관리하고 있지만 미미한 수준이다.

이번에는 좀 더 구체적으로 에너지 관리 방법을 고민해 보자. 에너지는 건물별로 혹은 에너지의 종류별로 관리되기도 한다. 건물의 에너지 관리는 에너지를 조금 쓰도록 설정하거나 기기를 교체하는 것으로 할 수 있다. 건물에서는 실내 온도, 습도, 조명 등을 낮게 조절하면 에너지를 절약할 수 있다. 혹은 건물에 사용하는 기기를 고효율 기기로 교체하면 에너지를 절약할 수 있다. 이때 건물의 입주자는 불편을 감수하곤 한다.

에너지원 별로 관리하는 것은 어떻게 해야 할까. 건물은 크게 전기와 열에너지를 사용한다. 쉽게 얘기하면 전기를 사용하거나 보일러를 트는 것이다. 대형 건물의 경우 다양한 연료를 사용하여 열을 생산하고 이를

02 : 에너지 목표관리제

한임무 팀장

우리 팀도 에너지 관리를 위해 한몫해야 할 텐데. 책임이 막중합니다. 우리 사무실도 여름과 겨울에 1도씩 온도를 높이거나 낮추어 봅시다. 대한민국에서도 국가적 관점에서 에너지 관리의 목표가 있습니다. 한번 볼까요. 우리나라는 2020년까지 BAU(Business as usual) 대비 30% CO_2 감축을 목표로 제시하고 있습니다. 여기서 BAU는 일상적으로 사용하였을 때의 사용량을 의미하므로 아무런 노력을 하지 않았을 때 2020년 배출할 CO_2에 대비하여 30%를 절감한다는 의미에요. 많은 전문가들은 산업 중심의 구조를 가진 대한민국의 현실을 고려할 때 목표 달성이 쉽지는 않을 것이라고 하네요. 그럼에도 불구하고 대한민국은 할 수 있습니다!

건물 전체에 공급한다. 주변 여건이 허락되는 경우 대규모의 보일러를 가진 사업자로부터 온수를 공급받아 난방을 할 수도 있다. 대표적인 예가 지역난방이다. 그렇지 않은 경우에는, 기름 보일러나 가스 보일러를 이용하여 개별적으로 에너지를 만들기도 한다.

건물에서 사용하는 에너지는 건물에 따라 사용하는 에너지 종류가 다르다. 사무실은 냉난방과 조명, 컴퓨터와 같은 전자기기에 에너지를 많이 소비한다. 공장의 경우에는 제품의 생산과 가공을 위한 전기와 열에너지를 많이 소비할 것이다. 건물을 지을 때에는 어떠한 에너지를 많이 사용하는지를 알아보고, 준공 후 충분한 에너지가 공급되도록 설계해야 한다.

03 : 계절별 시간대별 차등요금제

건물 단위의 에너지 관리를 좀 더 진보된 방법으로 할 수도 있어요. 사람들은 이런 방법이 있다는 걸 잘 모르더군요. 전 대리는 늘 무관심해 라고 사람들은 말하는데 오해입니다. 저도 관심이 있다고요. 예를 들어 시간대에 따라 에너지 원가가 다른 경우가 있어요. 또는 시간대에 따라 설비 사용이 제약받을 수도 있고요. 이때는 에너지 사용 시간을 이동하는 방법을 쓰죠. 심야 보일러를 사용하거나 여름철에 건물을 미리 냉각시켜 근무 시간에 최소한으로 에너지를 사용하는 방법이 사용되기도 한답니다. 현재 한전에서는 크게 겨울철(11월~2월)과 나머지 기간(3월~10월)로 나누어 경부하, 중간부하, 최대부하 3가지 시간대별 요금 구분을 하고 있습니다.

구분	여름철(6~8월), 봄, 가을철(3~5월), (9~10월)	겨울철(11~2월)
경부하 시간대	23 : 00 ~ 09 : 00	23 : 00 ~ 09 : 00
중간부하 시간대	09 : 00 ~ 10 : 00 12 : 00 ~ 13 : 00 17 : 00 ~ 23 : 00	09 : 00 ~ 10 : 00 12 : 00 ~ 17 : 00 20 : 00 ~ 22 : 00
최대부하 시간대	10 : 00 ~ 12 : 00 13 : 00 ~ 17 : 00	10 : 00 ~ 12 : 00 17 : 00 ~ 20 : 00 22 : 00 ~ 23 : 00

[한전 요금제도의 계절별 시간대별 구분]

그런데 에너지 관리에는 여러 가지 어려움도 있다.

첫 번째로 에너지 관련 설비를 운영하는 데 어려움이 있다. 현재의 에너지 관리는 전문적인 영역으로서 초기 단계이다. 따라서 체계적으로 관리하는 곳은 많지 않다. 대부분은 관리자가 에너지 관리 목표(설정 실내 온도, 실내 공기의 CO_2 량 등)를 미리 설정해 놓고 운전을 한다.

효율적인 운영을 위해서는 전문적인 지식이 필요하다. 설비들의 특성과 상호 관계에 대해서도 잘 알아야 한다. 예를 들면 보일러를 운영하는 데에도 부하율, 부하에 따른 열효율, 연료비, 입력온도, 출력온도, 압력, 열전송 등의 다양한 데이터와 관계에 대해 잘 알아야 하는 것이다. 하지만 대부분 비전문적인 관리자가 이런 전문적인 지식은 모른 채 경험만 가지고 단순하게 관리하고 있다. 최근에는 이러한 점을 이겨내기 위해 BEMS (Building Energy Management System), FEMS (Factory Energy Management System) 등을 적극적으로 도입하고 있다. 이런 시스템은 건물에 전문가가 상주하지 않아도 에너지를 관리할 수 있다는 장점이 있다.

두 번째로 에너지 관리 담당자가 아니면 사용자는 에너지를 관리하기 어렵다는 점이다. 건물의 주인이나 운영을 맡은 책임자는 에너지 비용이 얼마나 드는지 궁금할 것이다. 또한 어떤 부분이 많이 사용되는지 알아야 에너지를 어디에서 줄일 수 있을지를 알 수 있을 것이다. 하지만 건물의 주인이나 운영 책임자들이 이런 정보들을 쉽게 알기 어려운 게 현실이다. 대부분은 각종 고지서나 실적 보고서를 통해 에너지 사용을 확인할 수 있다. 에너지 관리가 누구나 가능할 수 있도록 해야 할 필요가 있다.

세 번째로 대부분의 경우 에너지 관리의 단위가 하나의 건물로 이루어진다는 점이다. 건물 단위로 에너지를 운영하고 설계하는 방법은 많은 건물을 짓더라도 기존의 건물에 설계한 것을 반복해서 사용할 수 있는 장점은 있다. 또한 많은 건물에 에너지를 보낼 수 있도록 공용 설비를 만들기에도 좋다. 하지만 에너지를 효율적으로 관리하기 위해서 여러 건물을 어떻게 설계해야 하는지에 대해서는 관심이 부족한 편이다. 이러한 문제는 건물의 설계 수준과 제도의 문제가 결합되어 있다.

네 번째로 변화하는 환경에 대처하기가 어렵다는 점이다. 건물의 예를 들어보자. 건물을 완공하면 모든 입주자가 한꺼번에 입주하기 어렵다. 한 가구씩 입주하기 마련이다. 모든 입주자가 건물에 들어가기까지 몇 년이 걸리기도 한다. 하지만 에너지 관리는 건물에 모두 입주했다는 것을 기준으로 이루어진다. 입주한 순서대로 나누어서 관리가 이루어지지 않는다. 그렇기 때문에 초기 설비를 할 때 비용이 많이 든다. 나중에 에너지 사용이 늘어나게 되면 에너지 설비 효율이 감소하여 에너지가 부족할 때에 대응하기도 힘들어진다.

04 : MEG 에너지 관리 장점

양심희 대리

현장에서 제가 느끼는 점인데요. 제가 팀장님께 이 문제를 여러 번 제기했었죠. 한 마디로 지속적 관리가 문제인 것 같아요. 현장에서는 관리자가 전문적인 에너지 관리 시스템에 대한 이해가 부족해요. 설계를 할 때에는 복잡한 기술 이론들을 체계적으로 적용하지만 그 이후에는 관례적으로 운영되는 것 같아요. 복잡하고 어려운 시스템을 최적화하여 설계하지만 정작 운영은 대충한다는 말이죠. 이렇게 되니 전문적 관리자가 부족한 문제가 생깁니다. 에너지의 효과적 관리를 위해서는 설비에 대한 공학적 이해, 데이터의 지속적인 수집과 분석을 통한 관리의 개선 등이 필요합니다. 그러나 데이터의 수집부터 분석까지 전문적 지식과 관리 능력을 가진 경우는 잘 없죠. MEG는 이런 전문가의 공백을 매워 줄 시스템을 제공하고자 합니다.

02

Micro Energy Grid

자유로운
모델링으로 에너지를
상호 교류하고
효율적으로 생산하다

Micro Energy Grid (MEG)란

마이크로 에너지 그리드(Micro Energy Grid, MEG)는 낭비되는 에너지를 저장하거나, 에너지를 아끼기 위해 모든 에너지원을 하나로 합쳐 관리하는 시스템이라고 이해하면 좋다.

우리가 쓰는 에너지 종류에는 전기, 열, 가스 등이 있다. 우리는 이 에너지를 각각 서로 다른 사업체로부터 공급받는다. 이러한 에너지를 모두 한 곳에서 관리할 수는 없을까. 이런 생각에서 나온 개념이 '마이크로 에너지 그리드(Micro Energy Grid, MEG)'이다. 그리드(Grid)는 원래 '격자(格子)'에서 유래한 용어로 신경 조직처럼 얽혀 있는 컴퓨터나 인터넷망을 가리킨다. 여기에서는 다양한 에너지망을 말한다. 대규모 발전소에서 만들어져 전달되는 것이 아닌 에너지가 필요한 곳에서 생산하는 분산 에너지원은 마이크로 에너지 그리드를 구성하는 중요한 요소이다. 이 분산 에너지를 전체 에너지망에 연결하여 사용한다면 전체적인 에너지 부담을 줄이면서 효율적으로 사용할 수 있을 것이다.

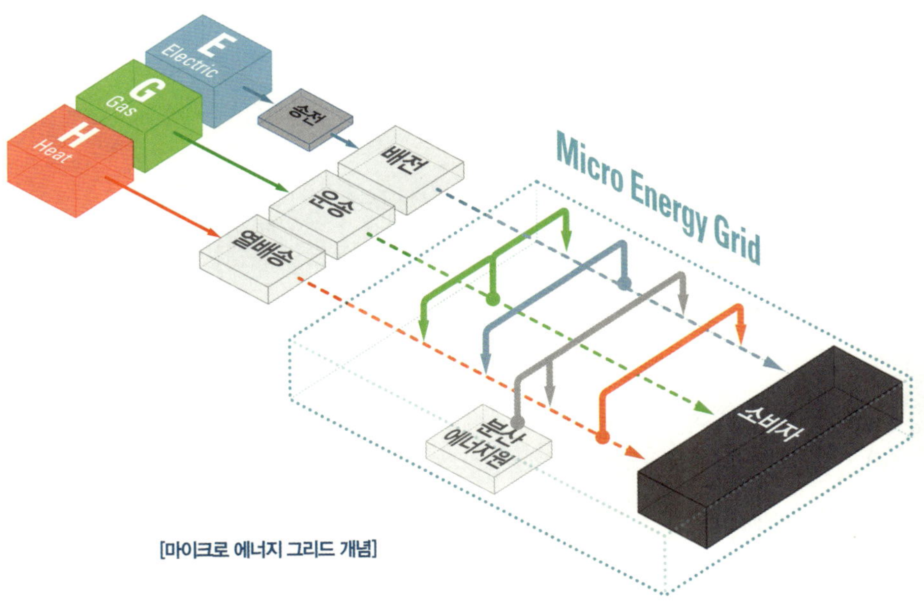

[마이크로 에너지 그리드 개념]

마이크로 에너지 그리드(Micro Energy Grid, MEG)란 최종 소비자에게 제공되는 에너지원인 전기, 열, 가스 및 다양한 분산 에너지원을 효율적으로 이용하고 수요와 공급이 함께 이루어지도록 하는 통합 에너지망을 말한다.

우리가 소비하는 대부분의 에너지는 전기에 치우쳐져 있다. MEG는 소비자가 전기 이외의 다양한 에너지를 사용할 수 있도록 한다. 그렇기 때문에 국가가 사용하는 전력을 줄이고 소비자는 질 좋은 에너지를 공급받을 수 있다. 또한 다양한 분산 에너지원을 만들고 저장하고 나누기 때문에 기존의 '매크로' 시스템과 함께 더 좋은 결과를 낼 수 있다.

건물이나 집, 공장과 같은 건물을 잘 관리하도록 각각 한 대의 컴퓨터가 설치되어 있다고 가정하자. 이 각각의 컴퓨터들은 다른 컴퓨터와 연결되어 더 큰 망을 가진 컴퓨터가 되고, 이것이 확대되어 국가 에너지 그리드에까지 연결된다. 이처럼 MEG는 국가 에너지 그리드와 상호 보완하여 운영될 수 있다.

MEG의 에너지 관리

MEG에서는 어떤 방법으로 에너지를 관리할까. MEG는 1장에서 살펴본 에너지 관리의 한계를 극복하기 위해 아래와 같이 다섯 가지의 사항을 참고하여 관리하려고 한다.

첫 번째, 사용자 관점과 시설운영자 관점의 분리 : 사용자와 운영자의 생각이 다르다는 것이다. 먼저 에너지 비용을 줄여야 한다는 점에는 모두 같은 생각을 가지고 있다. 사용자는 편안한 실내 환경을 유지하면서 에너지를 아껴쓰는 것으로 비용을 줄이려고 한다. 반면 건물의 운영자는 다양한 설비 상태를 살펴 보고 가장 적절한 운전으로 비용을 줄이려고 할 것이다. 즉 설비의 환경에 초점을 맞추는 것이다. 이렇게 다른 생각이 있기 때문에 이 둘을 모두 만족시키기 어려운 점이 있다.

이를 개선하기 위해 MEG에서는 사용자가 에너지 비용을 어느 정도 아끼려고 하는지 파악하고 이를 관리하게 한다. 더불어 관리 단위를 방, 구획, 건물, 단지 등으로 넓히거나 줄여서 각 사용자가 얼마만큼의 에너지를 줄이려는지 쉽게 알 수 있어야 한다. 이렇게 관리하면 개별 단위의 에너지 사용량, 비용, 쾌적감 등을 보다 쉽게 관리할 수 있다.

두 번째, 에너지원의 통합적 관리 : 다양한 에너지원을 한꺼번에 관리하는 것이다. 하나의 건물에서 하나의 에너지만 사용하는 것은 아니다. 건물에서는 다양한 형태의 에너지원을 함께 사용한다. 사무실에서는 전기뿐 아니라 온수 등 다양한 에너지를 사용한다. 대개 건물에 공급되는 온수나 난방은 도시가스나 전기를 사용하는 보일러로 공급한다. 만약 지역난방지역이라면 지역난방에서 공급하는 열 에너지를 직접적으로 사용할 수도 있다.

일반적으로 하나의 에너지는 손쉬운 방식으로 공급된다. 예를 들어, 도시가스로 개별 보일러를 틀어서 온수를 만들고 난방을 하는 경우에는 필요한 온수와 난방열만큼의 도시가스를 사용한다. 에어컨을 사용하여 냉방을 하는 경우에는 필요한 냉방열만큼 전기를 사용한다.

이러한 에너지 전달과 소비는 에너지원 별로 각자 운영을 하게 한다. 그러나 최근 에너지 관리는 이런 방식에서 벗어나 다양한 에너지원 중에 경제적으로 유리한 것을 선택하게 한다. 예를 들어 충분한 열 에너지를 사용한다면 열병합발전기(Combined Heat and Power Plant, CHP)를 사용하는 것도 좋은 방법인 것이다.

열병합발전으로 발생하는 열을 이용하여 난방이나 온수를 공급할 수 있다. 이런 경우에는 대형 발전기에서 전기를 생산하여 공급할 때보다 효율이 훨씬 더 좋다. 대형 발전기의 효율은 30~40%인데 반해 열병합발전의 효율은 85~90% 이상 효율이 나기 때문이다.

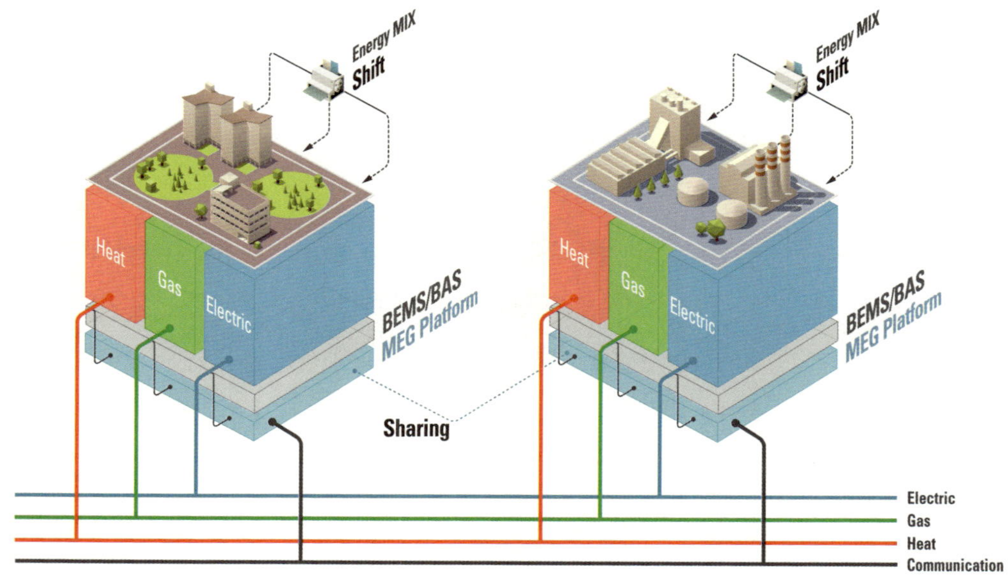

[Energy Sharing & Shift]

난방을 하더라도 전기를 사용하여 열을 생산할 수도 있고, 도시가스를 사용하여 열을 생산할 수도 있다. 만약 여러 에너지원을 통하여 에너지를 공급할 수 있다면, 에너지를 사용할 때 더 경제적인 연료가 무엇인지 생각해야 할 것이다.

MEG에서는 하나의 건물에 공급되는 에너지들이 다양한 형태로 바뀔 수 있다는 것을 중요하게 여긴다. 이는 에너지원의 통합적인 운영을 가능케 하고, 기존의 운영에 비해 보다 효율적인 에너지 관리를 가능하게 한다.

세 번째, 관리가 용이한 계층적 구조 : 쉽게 관리할 수 있도록 해야 한다. 일반적인 에너지 관리는 건물 단위로 이루어진다. 건물이 큰 규모이거나 여러 개의 건물로 이루어지는 경우, 적절한 단위로 나누어 관리할 수 있다. 나누어 관리하는 경우도 여러가지이다. 실질적인 공급 시스템은 하나이지만, 쉽게 관리하기 위해 나눌 수도 있다. 즉 하나의 건물인 경우에는 층별로 나누기도 하고, 여러 개의 건물인 경우에는 건물 단위로 나누곤 한다. 이것은 쉽게 관리하기 위해 공간을 나누는 방식이지만, 설비는 여전히 통합되어 관리된다. 또한 건물이 각각 다른 에너지 공급체계를 갖는 경우도 있다. 이런 경우에도 효과적인 에너지 관리를 위해서는 여러 개의 건물이 서로 정보를 잘 주고받을 수 있도록 운영되어야 한다.

네 번째, 지속적 상태 모니터링 및 분석체계 : 지속적으로 에너지 상태를 확인하고 분석하는 일이다. 단위 공간(방, 구획)은 얼마만큼의 에너지를 사용하는지 혹은 에너지가 부족하지 않은지 확인하거나, 사용자가 얼마나 편리한지를 종합적으로 알 수 있어야 한다. 이는 에너지를 얼마만큼 사용하는지 합계를 내는 기존의 관리에서 벗어나 단위 공간에 대해 지속적이고 꼼꼼한 관리를 가능하게 한다.

마지막, 부하용량의 변화에 따른 유연한 대응 : 에너지 수급량에 따른 발빠른 대응이다. 건물은 입주할 때와 다르게 시간이 지나면서 에너지 사용량이 달라진다. 건물의 시설물은 계속해서 노후가 진행된다. 따라서 적절한 시기에 적절한 에너지의 공급이 어려울 때도 있다. 이를 위하여 에너지 사용량을 예측하고 이에 따른 효율적인 에너지 공급이 필요하다. 하지만 일반적으로는 에너지 사용량을 최대로 맞춰 놓고 설비를 설계하고 운영한다. MEG는 에너지 사용의 변화에 적극적이면서도 융통성 있게 운영하려는 목표를 가지고 있다.

MEG의 에너지 관리 단위, MEB

마이크로 에너지 그리드(MEG)는 에너지 소비자, 에너지 공급자, 저장, 분배, 교류 등의 특징을 지닌 에너지 블록들을 사용하려는 건물의 특성에 따라 자유롭게 구성할 수 있다. 이러한 블록을 마이크로 에너지 그리드의 관리 단위인 마이크로 에너지 블록(Micro Energy Block, MEB)이라 정의하기로 한다.

MEG에서는 모든 에너지 소비/생산 단위는 MEB(Micro Energy Block)로 구성된다. MEB는 주변의 다른 MEB와 에너지를 공유할 수 있으며, 이들이 모여 더 큰 MEB를 만들 수 있다. 이러한 체계는 안정적이고 통합적인 관리를 가능하게 한다. 작게는 건물의 방 하나에서부터 크게는 도시까지 자연스럽게 확장될 수 있는 구조를 만들 수 있다. 예를 들어 아파트의 반상회에서부터 시작하여 같은 동 모임, 같은 아파트 단지 모임, 같은 도시의 모임으로까지 확대될 수 있는 개념이다.

MEG는 에너지를 통합적으로 관리하고 최적으로 운영할 수 있게 만들려고 한다. 이러한 관리는 하나의 빌딩을 통해 할 수도 있고 빌딩끼리의 그룹을 통해 할 수도 있다. 또한 하나의 지역이 다른 지역을 함께 관리할 수도 있고 도시 단위로까지 관리할 수 있는 통합적 체계를 의미한다.

MEG의 개개 구성요소인 MEB는 하나의 의사 결정체이며, 이들이 주위의 환경과 함께 움직여 최적으로 운영하도록 한다. 이러한 구성요소는 에너지 생산과 소비를 하는 단위가 되며 외부와 에너지를 교환할 수도 있다. MEB는 기본적으로 건물의 이름, 위치, 층수, 면적, 특성 등의 정보를 가지고 있다. MEB는 MEG에서 적극적인 관리자가 된다. MEG는 MEB를 통해 에너지 소비예측, 에너지 소비에 대한 반응, 사용자 품질/만족도, 보상에 따른 반응 등을 할 수 있게 된다.

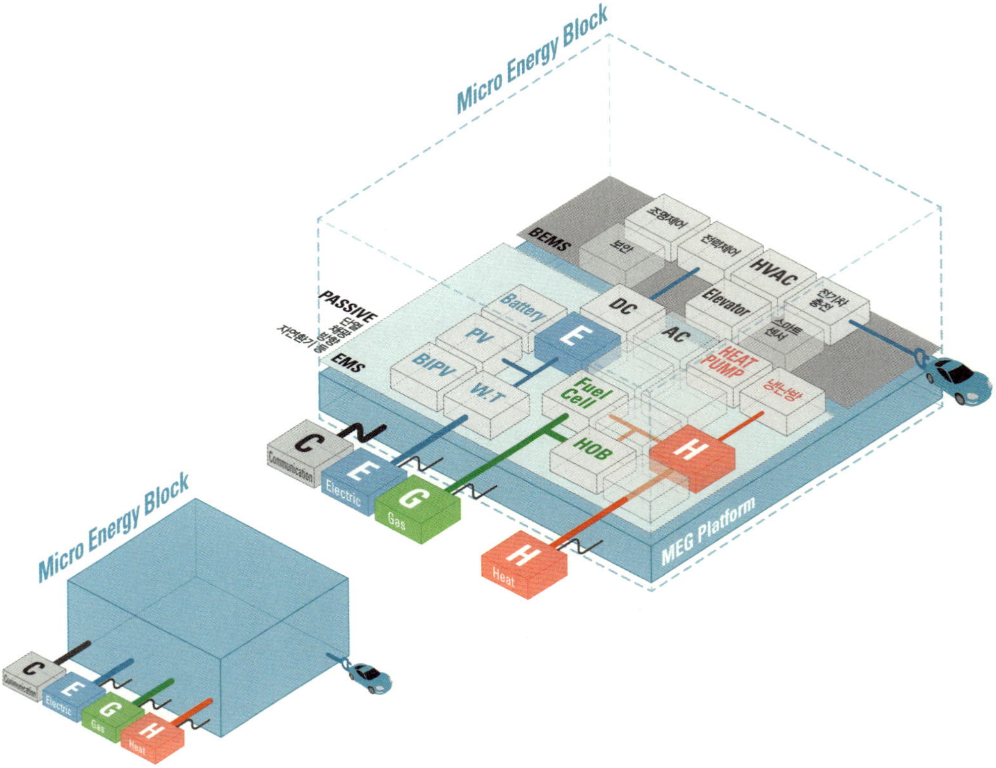

[plug & play형 마이크로 에너지 블록]

05 : 에너지 관리 단위 MEB

한임무 팀장

자주 'MEB'라는 말이 나오죠? 자꾸 팀원들이 MEB를 물어보는데 한마디 하겠습니다. MEB(Micro Energy Block)는 지능화된 블록(Block) 인 에너지 관리의 단위를 말하죠. 블록형 장남감을 연상해 보면 쉽게 이해가 가실 겁니다. 서로 맞물리는 요철의 모양과 크기가 정해지 면 다양한 크기와 모양을 갖는 블록의 조합에서 나오는 활용방법은 무한대이죠. 이처럼 MEB에서 공통으로 활용할 통신규약을 표준화 하고 이 표준에 따른 블록들 간의 조합을 통하여 소규모 에너지 그리드의 구성이 가능하게 됩니다.

이렇게 개별 단위 블록들이 상호 결합하고 연동하여 집합적인 에너지 관리를 할 수 있겠죠. 이런 관리의 효율화를 추구하는 것이 MEB의 기본 개념입니다. MEG는 이런 체계에서 설계 및 효율적 관리 방안을 포함한 종합적 솔루션을 제시하려고 합니다.

MEB는 특정 건물이 아니라 다양한 건물에서도 적용할 수 있어야 한다. 전체 시스템은 관리자가 방, 구획, 건물, 단지 등으로 나누어 쉽게 관리해야 하며 많은 수의 에너지 블록으로 구성되어야 한다. 각각의 MEB는 자신이 가진 정보를 스스로 보낼 수 있어야 한다. 또한 표준화된 정보를 제공할 수 있어야 하며, MEB는 외부와 연결하는 시스템을 가져야 한다.

MEB는 에너지 생산과 소비를 담당하는 에너지 블록, 이것들을 연결하는 에너지 버스(Energy Bus), 에너지 흐름을 변환하는 에너지 컨버전 블록(Energy Conversion Block) 등으로 이루어져 있다. 에너지 블록은 자신의 정보를 실시간으로 보낼 수 있는 시스템이 있어야 하며 에너지 블록 간의 관계를 잘 알아야 한다.

그러면 MEB가 가지고 있는 7가지 속성에 대해 알아 보자. 그림에 나와 있듯이 자기 인식적, 반응적, 자율적, 계층적, 확장적, 자기분석적, 개방형 인터페이스의 7가지 속성이 있다. 이 각각의 속성은 무엇을 의미하는지 쉽게 설명해 보자.

Self-Aware
자기 인식적

Reactive/Proactive
반응적

Autonomous
자율적

Hierarchical
계층적

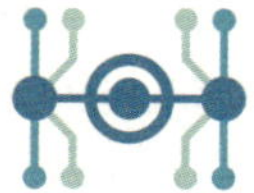

Scalable
확장적

Self-Diagnostic
자기 분석적

Open Interface
개방형 인터페이스

[MEB의 속성]

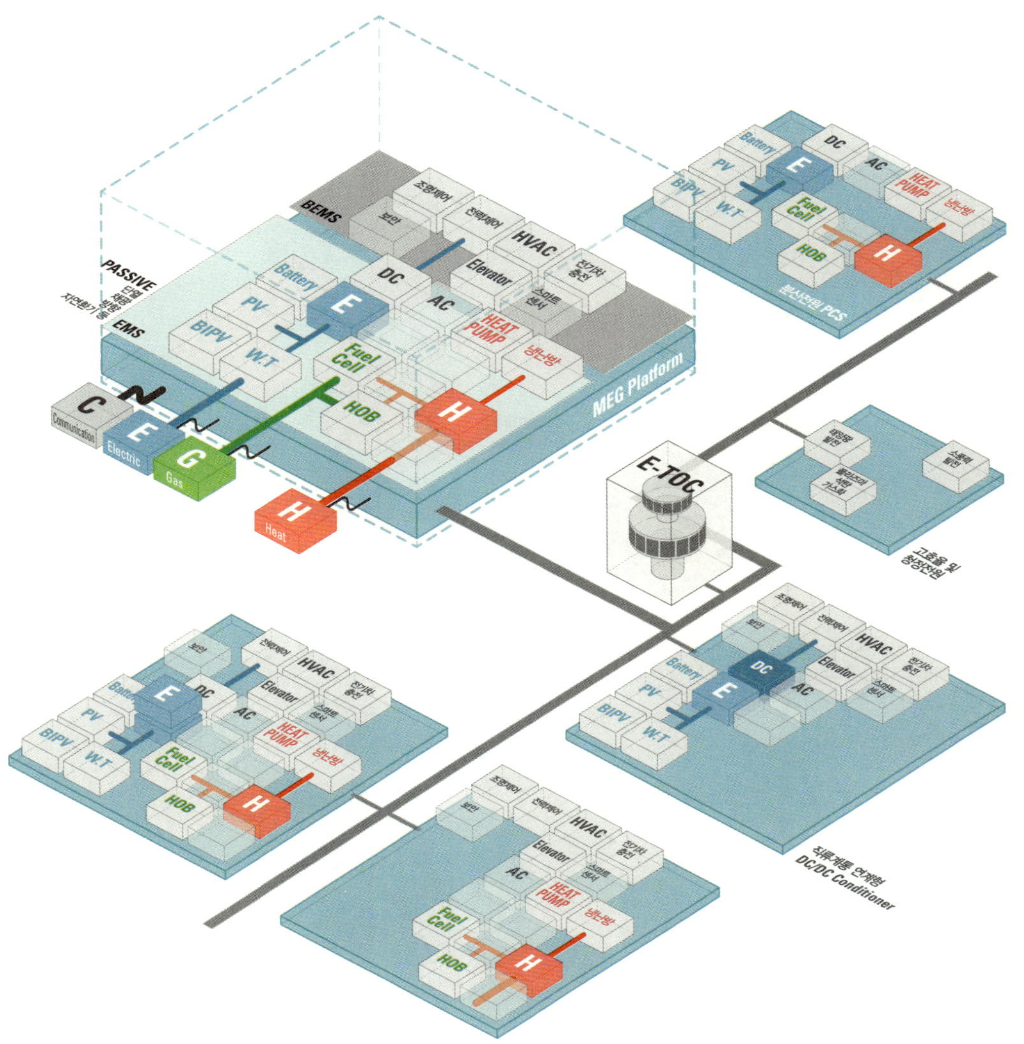

[MEB 기반 MEG의 확장성]

첫 번째로 '자기 인식적' 속성이다. MEB는 스스로 자신에게 어떠한 정
보가 들어 있는지 파악하고 있어야 한다. 즉 자신의 블록이 생산하거나
소비하고 있는 에너지의 양을 구체적으로 알 수 있어야 한다. 이런 정
보가 있기에 에너지원끼리 어떻게 합쳐야 하는지를 알 수 있다. MEB
는 지능적인 것을 요구한다. 이 속성이 바로 MEB가 요구하는 가장 기
본이 되는 부분이다.

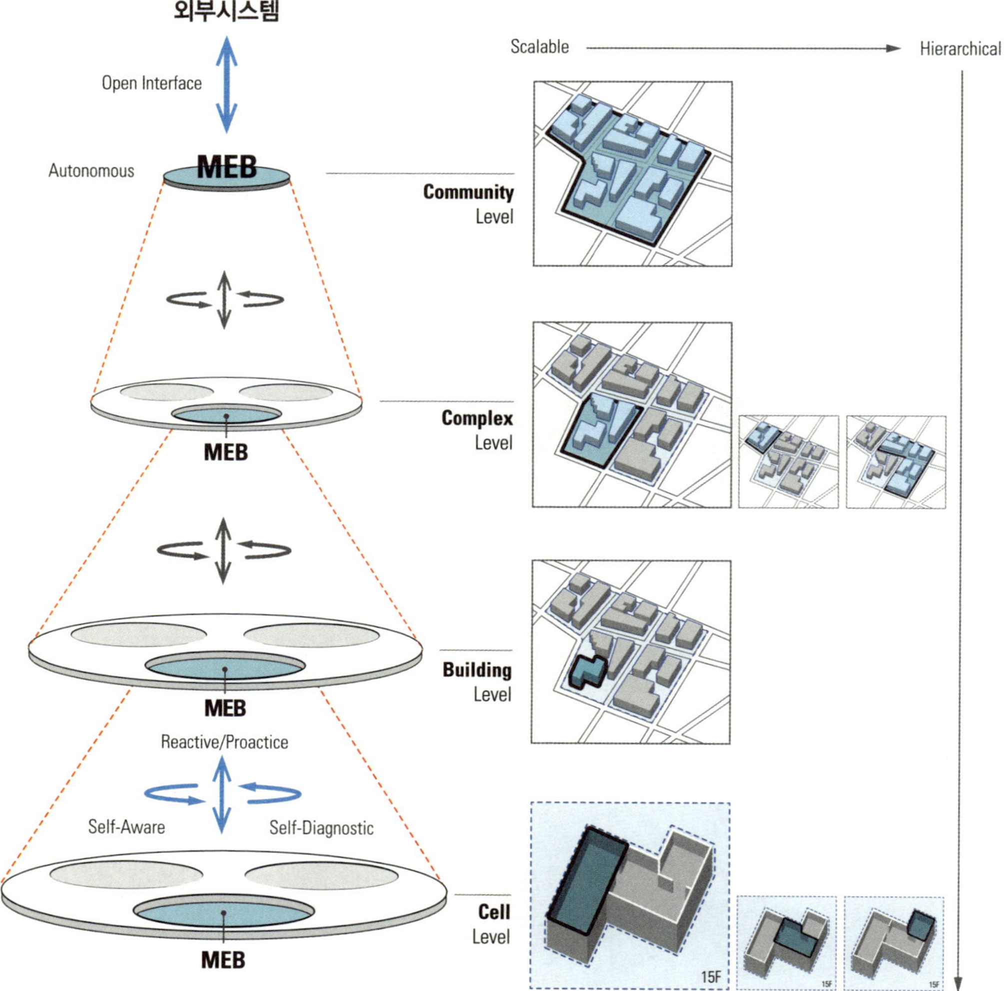

[MEB의 계층성 및 확장성]

두 번째로 '반응적' 속성이다. MEB는 외부의 정보를 파악하여 스스로 생
산이나 소비량을 조절할 수 있다. 상위 MEB로부터 에너지 소비를 줄이
거나 생산하라는 요청을 받을 때 적절히 대응할 수 있어야 한다.

세 번째로 '자율적' 속성이다. MEB는 스스로 에너지 소비와 공급을 가장
알맞게 할 수 있다. 즉 외부의 시스템과 함께 움직이거나 사용자나 관리
자 없이도 독립적으로 에너지 소비를 조절할 수 있다.

네 번째로 '계층적' 속성이다. MEB는 하위 MEB들이 모여 상위 MEB로 되는 것처럼, 계층이 있는 구조를 갖고 있다. MEB는 한 가정의 에너지 단위부터 올라가 국가의 단위로까지 올라가는 계층을 갖는다. 이때 상위의 MEB는 하위의 MEB와 서로 정보를 주고받으며 시스템과 함께 움직인다. 내부의 MEB들은 생산과 소비를 서로 조절한다. 이러한 구조는 기술이나 관리에 따라 다양한 형태를 가질 수 있다.

다섯째로 '확장적' 속성이다. MEB는 내부의 새로운 MEB와 합치거나 하부에 새로운 MEB를 받아들임으로써 규모나 용량을 확대할 수 있다. 반대로 결합된 MEB와 분리하여 규모나 용량을 축소할 수도 있다.

여섯째로 '자기 분석적' 속성이다. MEB는 스스로의 에너지 소비 패턴과 에너지 거래 정보를 저장하고 분석할 수 있어야 한다.

마지막으로 '개방형 인터페이스'의 속성이다. 개방형 공간을 기반으로 다른 MEB와 연동을 지원하여야 한다.

MEG 도입의 기대효과

MEG를 도입하면 에너지망을 넓혀가기가 쉽다. MEG의 도입은 많은 건물들을 연결하여 소규모 그리드를 구성할 수 있는 장점이 있다. 이런 구성은 가까운 거리에서 에너지를 서로 교류함으로써 효율적으로 에너지를 생산하고 소비하도록 한다.

소규모 그리드는 기존 블록들을 결합하여 하나의 더 큰 블록이 되고, 다시 블록들 간의 결합을 통하여 더 큰 규모의 블록을 만들 수 있다. 블록들 간의 결합으로 그리드를 구성하고, 더 큰 블록을 형성하는 방식은 확

	기존 방식	MEB 방식
설계방법	설비 중심 용량 설계	운용 중심 Modular설계
기본단위	건물 단위	Zone~건물~도시까지 유연한 구성
확장성	비체계적 용량확장	MEB기반의 단위 확장성(Scalability)
모델링	물리적 모델링	하드웨어 종속성이 없는/ 최소화된 논리적 모델링
운영범위	중앙집중식 (확장성의 한계)	에너지 통합적 운영
운영방식	중앙집중식 (확장성의 한계)	분산–자율식 운영
인터페이스	기기 통신 프로토콜 중심 인터페이스	에너지 운영 중심의 단위 Block설계
기존의 Zone별 설계	공간 중심의 설계는 적용하나 운영은 통합적	에너지 운영 중심의 단위 Block설계

[MEB와 기존 에너지 관리 방식 비교]

장을 쉽게 할 수 있도록 한다. MEB에 기반한 MEG는 기존의 건물을 소규모 그리드로 연결하여 더 큰 블록을 만들어 하나의 커뮤니티를 구성할 수 있다.

이 커뮤니티에 해당하는 블록들이 다시 연결되어 더 큰 지역 블록을 만들 수 있다. 블록들을 결합하여 확장하는 일은 같은 구조로 계속해서 연결하거나 확장이 가능하다. 이러한 확장은 도시나 국가 단위로까지 가능하므로 체계적인 에너지 관리를 할 수 있게 한다.

MEG는 설계에서도 장점을 지니고 있다. MEG는 스스로 에너지의 생산과 소비를 관리한다. MEG에서 필요하거나 남는 부분은 일차적으로 주위의 MEB에게 나누어주고 추가로 필요한 부분은 상위의 MEB에서 공급을 받을 수 있다. 이러한 MEB의 체계는 에너지 소비 및 공급의 설계를 쉽게 할 수 있도록 한다.

MEG는 경제적으로 운영하기에도 쉽다. MEB들끼리의 에너지 공유는 단위 건물로 에너지를 운영할 때보다 훨씬 더 효율적인 운영을 할 수 있다. 또한 수요 관리를 함께할 수 있으므로 에너지 공급에만 치중하지 않고 수요와 공급을 함께 조절하여 효율적인 운영을 할 수 있다.

설비 투자에서도 좋은 점이 있다. 일반적인 설비는 에너지 소비량의 최대치에 맞추어 설계하고 투자하여야 한다. 하지만 실제로 에너지 소비가 최대치를 기록하는 일은 흔치 않다. MEG는 처음부터 무리하게 설비할 필요가 없다. 왜냐하면 나중에라도 충분히 확장할 수 있기 때문이다. 그러므로 현재 사용하는 양만큼 설비를 하고 나중에 더 필요하면 추가로 설비를 하면 되는 것이다. 이런 면에서 효율적인 설비 투자를 가능하게 한다.

MEG의 높은 신뢰성 또한 빼놓을 수 없는 효과이다. MEB는 에너지 공급의 문제가 발생하더라도 즉시 문제를 해결할 수 있다. 공급이 모자라면 같은 블록의 MEB나 상위 MEB에게 에너지를 공급받을 수 있기 때문이다. 또한 MEB의 외적인 요인 때문에 문제가 발생하는 경우에도 MEB 스스로 공급량을 조절할 수 있기 때문에 최소한의 서비스 품질을 유지할 수 있다. 이러한 점은 에너지 공급을 신뢰할 수 있게 만든다.

마지막으로 MEG는 에너지를 공급할 때 남는 여러 에너지들을 활용할 수 있다. MEG는 독립적으로 운영되지 않고 여러 MEB들과 함께 에너지가 관리된다. 이런 MEB들은 에너지를 공급할 때 남는 에너지 정보를 서로 공유하여 사용할 수 있다. MEB는 이러한 에너지들을 지원하고 관리하는 도구로 활용될 수 있다.

03

MEG Platform

에너지와
정보통신을 융합하여
Plug & Play를
가능케 하다

MEG 정보 시스템 : MEG 플랫폼

2장에서 우리는 마이크로 에너지 그리드(MEG)를 구성하는 마이크로 에너지 블록(MEB)에 대해 알아 보았다. MEB는 MEB 자신의 정보를 스스로 인식할 수 있고 MEB 간의 정보를 서로 공유 할 수 있다는 장점을 가졌다. 이러한 장점을 최대화 하기 위해 만들어진 것이 MEG 플랫폼이다. MEG 플랫폼은 일반적인 컴퓨터 운영체제의 개념을 마이크로 에너지 그리드에 적용 한 것이다. 컴퓨터의 개념을 이해했다면 마이크로 에너지 그리드도 쉽게 이해할 수 있다. 다양한 에너지 관련 어플리케이션을 실행하고, 장비나 기기를 운영하기 위한 통합 운영 체제라고 할 수 있다.

MEG 플랫폼에는 다양한 건물의 에너지 정보 처리에 필요한 데이터베이스, 모니터링, 분석, 사용자 인증, 검색 등의 기능과 건물 에너지 설비의 운영 및 제어 기능이 들어가 있다. 이러한 정보를 사용자가 자유롭게 선택하여 사용할 수 있다. 스마트폰 어플리케이션의 예를 들어 보자. 스마트폰의 어플리케이션은 사용자가 필요한 어플리케이션을 언제든지 쉽고 편하게 선택하여 사용할 수 있다. MEG 플랫폼도 스마트폰과 마찬가지이다. 스마트폰이 전화기에 컴퓨터의 기능을 합친 것이라면, MEG 플랫폼은 에너지 관리 시스템에 컴퓨터의 기능을 합친 것이라고 볼 수 있다.

MEG 플랫폼은 높은 지능을 가진 MEB의 운영 체제 시스템이다. 사용자는 MEG의 데이터에 하드웨어나 운영체제, 소프트웨어의 종류와 상관없이 자유롭게 접속이 가능하다. 마치 기상청의 날씨 정보를 PC와 스마트폰, TV로 검색해 볼 수 있는 것과 같은 이치이다. MEG의 에너지 정보도 인증된 사용자에 한하여 다양한 접근 경로를 통해 제공할 수 있다.

MEG 플랫폼 기능

MEG 플랫폼은 데이터들을 서로 연결시켜주는 MEG-DataHub 기능
과 MEG 운영 시스템 및 사용자 인증 기능이 있다. MEG 플랫폼은 해

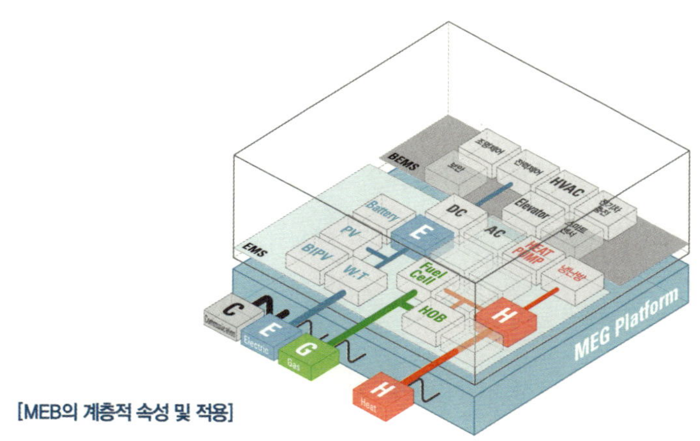

[MEB의 계층적 속성 및 적용]

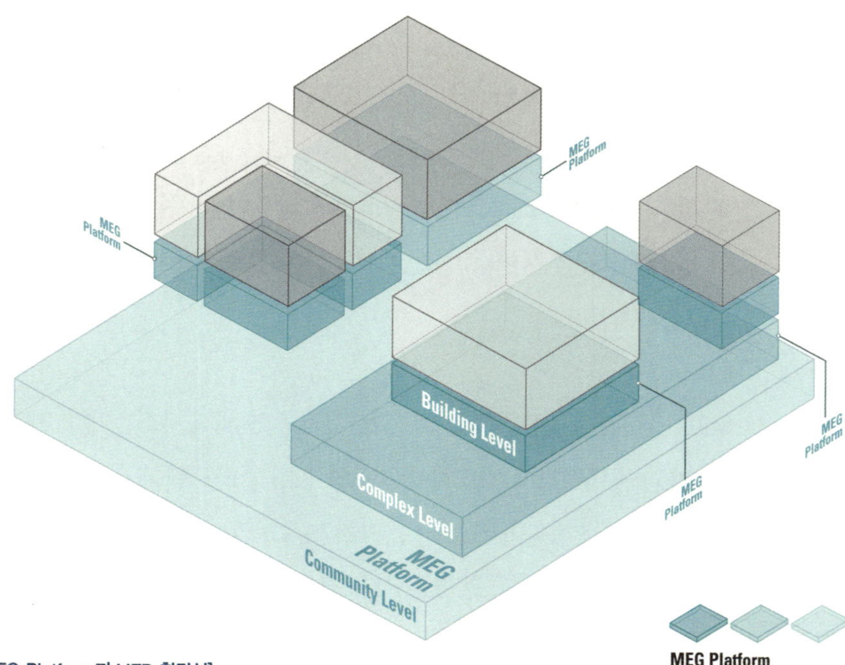

[MEG Platform과 MEB 확장성]

당 MEB 내부의 하위 MEB나 상위 MEB를 관리하고 정보를 교환하게 도와준다. 또한 MEB 시스템에 속하지 않는 기존 에너지 기기의 정보도 함께 관리한다. 이렇게 MEG 플랫폼의 운영 시스템은 각 기능들을 하나의 시스템으로 연결하여 서로의 상태를 살펴 보고 가장 적절한 운영을 하도록 한다.

이렇게 MEG 플랫폼은 서로 연결되어 있고 통합되어 있어서 손쉽게 확장을 할 수 있다. 상위 MEB는 하위 MEB에게 기본적 운영 정책과 도움이 될 수 있는 주변 환경 정보를 보내준다. 하위 MEB는 상위 MEB에서 받은 운영 정책을 가지고 MEB 운영 계획을 만들고 에너지 소비 현황과 예상 정보를 상위 MEB로 보내준다. 이러한 각각의 정보는 MEB-DataHub를 통하여 서로 주고받는다. 이러한 방식으로 MEG 플랫폼은 지역 및 도시 단위의 대규모 운영 시스템으로 쉽게 확장이 가능하다.

이러한 정보를 가지고 상위 MEB는 전체 운영계획을 만들어 다시 하위 MEB로 보낸다. 하위 MEB는 기술적으로 가능한 계획인지를 검토하고 필요에 따라 계획 과정을 수정한다. 운영이 완료된 후에는 적절한 기준에 따라 서로의 정산 기능도 포함한다. MEG 운영 시스템은 이렇게 서로 돕는 반복과정을 통하여 전체 시스템을 효율적으로 운영한다. 이때 MEB들 간의 편안한 운영을 위하여 실시간 정보교환이 필수적이며, 누구나 접근 가능한 표준화된 사용 도구와 방법이 필요하다.

MEG-DataHub는 MEG의 현황을 시간에 따라 정리하고 분석하는 기능을 한다. 시계열 서비스(Time Series Service)를 통해 실시간/누적 데이터를 모두 활용할 수 있다. 이는 신속한 분석과 제어를 가능하게 한다. MEG-DataHub는 건물에 넓게 분포한 정보들을 관리할 수 있는 기능을 제공한다. 이러한 기능은 편리한 검색 방법을 통해서 정보를 확인하고, 이 정보를 통해 새로운 서비스를 개발할 수 있게 한다. 데이터는 그 데이터와 연관된 공간의 위치 정보와 용도, 시간, 요일, 계절 등으로 분석되어야 한다. 이 같은 정보를 쉽게 찾아보고 이용하기 위해 데이터들을 분류하는 메타 데이터화와 검색 기능도 중요하다.

실제로 현장 관리자들이 건물 운영 현황을 잘 모를 때가 많다. 현장 관리자들에게 물어 보면 도면과 센서, 설비 위치, 운전 중인 데이터 속도, 데이터 정보를 잘 알고 있지 못한 경우가 많다. MEG-DataHub를 개발할 때에는 건물들을 일관된 이름과 규격으로 통일하여 표준 응용 프로그램을 가지고 작업해야 한다. 상위 서비스에서는 동일한 표준 응용 프로그램으로 소프트웨어를 개발하여 다양한 사이트에 동시 적용하여 효율적인 서비스를 제공해야 한다. 즉 어디에서든지 쉽게 사용할 수 있는 표준 기술을 적용하여 검색 기능과 MEG-DataHub의 세부 기능을 만들어야 한다. 인터넷 검색은 문제를 빠르게 검색하여 해결하는 것이다. 이와 다르게 MEG-DataHub의 검색은 빌딩의 상황을 빠르게 파악하고, 어떻게 운영되는지를 논리적으로 알아낼 수 있는 시스템이다. MEG-DataHub는 실제 건물의 정보를 빠르게 알려주고 대규모 시스템

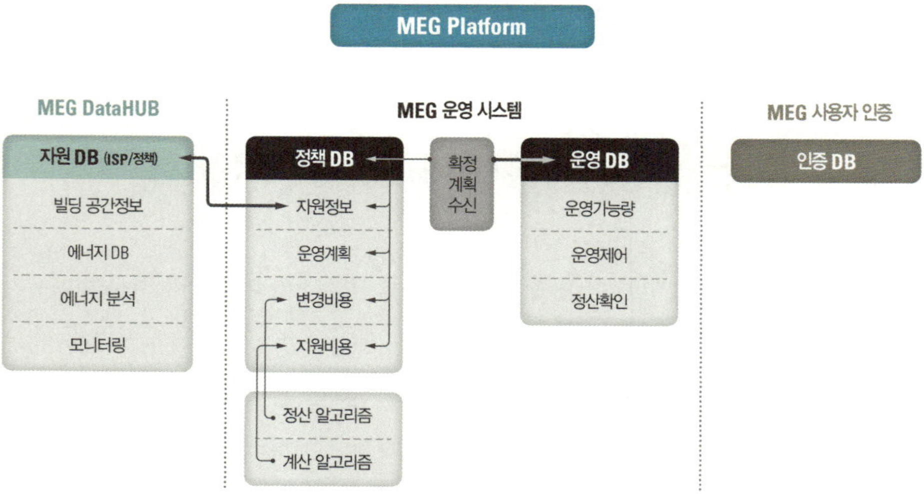

[MEG Platform 기능]

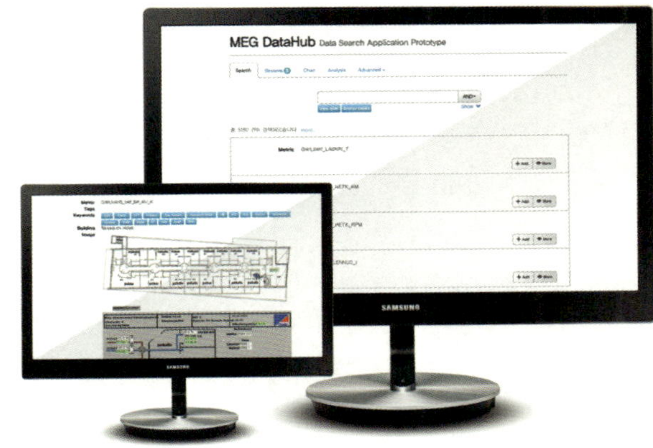

[MEG-DataHub 에너지 측정 데이터 검색 소프트웨어 및 메타데이터]

과 연결하여 운영 정보를 한 번에 얻을 수 있다.

마지막으로 사용자 인증은 각 기능을 수행할 권한이 있는 사용자를 인
식하는 기능이다. 에너지 사용 정보는 새로운 형태의 개인정보가 될 수
있기 때문에 보안이 점점 중요해지고 있다.

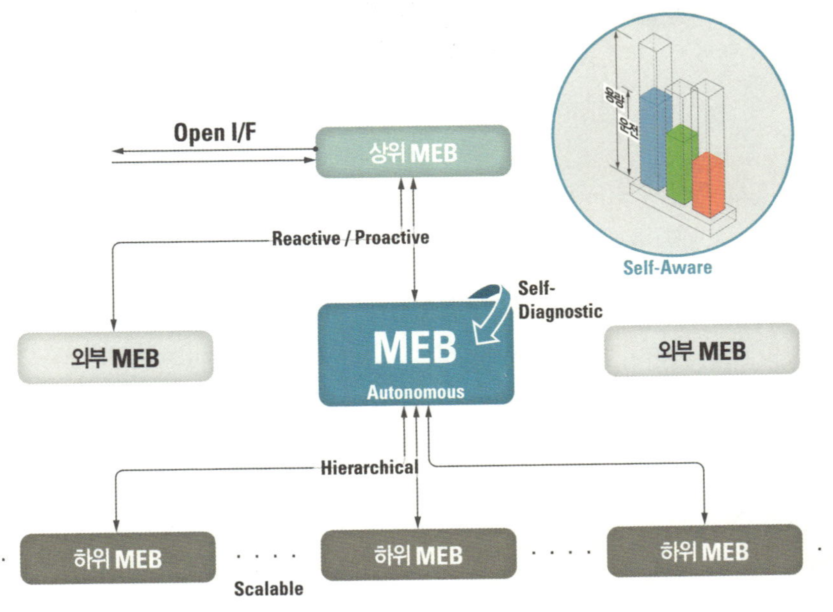

[MEG Platform 인터페이스 속성]

E-TOC 구축 및 운영

K-MEG은 MEG 플렛폼을 기반으로 에너지 통합 운영 센터를 구축하였다. 아무리 잘 만들어진 시스템과 솔루션도 실증 사이트들과 연계 없이 독립적으로 운영된다면 큰 의미가 없다. 흡사 손 안의 작은 컴퓨터인 스마트폰으로 음성통화, 문자전송의 기능만을 사용하는 것과 같다. MEG 플렛폼들과 서로 연결되어 원격으로 관리되고 에너지 거래 시스템들과 연계될 때 개발된 시스템과 솔루션은 빛을 발할 수 있다. 이렇게 에너지를 연결하고 관리하는 통합적 역할을 하는 곳이 에너지 통합 운영 센터이다.

[E-TOC전경]

에너지 통합 운영 센터(E-TOC, Energy Total Operation Center)는 에너지와 ICT가 융합된 세계 최초, 최대 규모의 에너지 관제 센터이다. 서울시 마포구에 위치하고 있는 에너지 통합 운영 센터는 12개의 K-MEG 실증 사이트의 에너지 관련 데이터를 저장, 관리하고 각 건물들을 원격으로 모니터링하고 제어할 수 있다. 또한 MEG 내 전기, 가스, 열 등의 에너지 공급과 소비 정보를 실시간으로 수집하고 서로 어떤 연관이 있는지를 통합적으로 분석하여 MEG를 효과적으로 운영, 관리하는 두뇌 역할을 하는 곳이다. E-TOC에서 분석된 에너지 절감 방안을 에너지 공급자와 소비자에게 제공하여 에너지 사용자 및 국가적인 에너지 관리를 하는 이들에게 도움을 주고 있다.

에너지 통합 운영 센터에서는 센터와 연계되어 있는 건물별 누적 데이터를 바탕으로 실시간 현황파악을 하여 이를 해당 건물의 에너지 관리자에게 보내 관리할 수 있게 한다. 연계되는 건물의 수가 늘어나면 에너지 통합 운영 센터의 역할은 점점 확대된다. 일반인이 관리하는 에너지 시설의 장비에 문제가 생겼을 때 전문가 집단인 센터의 구성원이 원격으로 해결책을 제시하는 역할도 담당한다.

E-TOC의 미래 모습

E-TOC는 민간이 에너지 소비를 통합하여 관리하는 새로운 비즈니스 모델이다. 나중에는 개인이 에너지를 생산하여 소비하고 판매하는 시대가 올 것이라고 미래학자들은 내다보고 있다. 또한 건물군 단위 에너지 관리 솔루션(GROUP BEMS) 상용화와 플랫폼 기반의 중앙 집중화된 에너지 효율화 서비스 기반을 마련하고 향후 대규모 건물 리모델링 사업 기반을 마련할 수 있을 것이다.

에너지 통합 운영 플랫폼은 빅데이터를 분석하여 에너지 운영 자동화 및 최적화를 목적으로 한다. 에너지 사용자 입장에서 비용 대비 가장 효

06 : MEG Platform 발전 방향　　　　　　　　　　　　　　　　　　양심희 대리

에너지 분야에 우리가 사용하는 컴퓨터의 운영체제를 적용해 보면 어떨까요? 일반 컴퓨터의 운영체제는 다양한 하드웨어 사용을 지원하고 다양한 서비스 사용도 지원합니다. 다수 서비스의 실행을 지원하는 인프라 소프트웨어가 바로 MEG 운영체제가 되겠죠. MEG Platform도 이런 MEG 운영체제가 있다면 설비 기기가 증가 되거나, 업그레이드 된 알고리즘을 탑재한 서비스를 제공하기 쉬워지겠지요. 이런 인프라 소프트웨어가 보안이나 교통 등과 같은 MEG 관련 서비스와 결합될 날도 머지 않았어요.

율적인 솔루션을 제공하고자 한다. 추후에 건물 에너지 정보가 개방되어 에너지 정보 활용이 가능해지면, 에너지의 현황을 진단하는 빅데이터 분석 컨설팅 사업이 가능해진다. 또한 에너지 절감 기술을 바탕으로 에너지 소비자의 참여를 이끌어 낼 수 있다. 이러한 에너지 사업이 활성화되기 위한 전제 조건은 에너지 정보에 쉽게 접근할 수 있어야 하고 활용성 높은 데이터를 개방해야 한다는 점이다. 정부가 추진 중인 공공 데이터 시장 개방과 더불어서 민간 기업이 계량 데이터에 접근하여 효율적으로 에너지 정보를 활용할 수 있는 제도가 마련되어야 한다. 미국의 경우처럼 실제로 사용 가능한 좋은 정보를 제공하는 일이 수반되어야 한다. 그러나 이러한 에너지 사용 정보는 새로운 형태의 개인정보가 될 수 있기 때문에 에너지 데이터 보안이 무엇보다 강화되어야 할 것이다.

또한 전력 거래가 허용될 경우 에너지 거래 및 수요반응 참여도 가능할 것으로 전망한다. 더 나아가 U-CITY 등 도시 통합 관제와 연계하여 더 효율적인 에너지 관리로 그린시티를 만들 것이고, 정부가 에너지 정책을 수립하는 데도 큰 도움이 될 것이다.

에너지 관리의 노하우를 쌓아가다

에너지 통합 운영 센터를 구축했을 때를 생각해 보면 처음으로 운전을 했을 때가 떠오릅니다. 운전면허를 따고 곧잘 운전하는 것 같았으나 지금 생각해 보면 창피할 정도로 형편 없었던 것 같아요. 그때는 아무것도 아닌 일로 다른 운전자(사업자)와 다투고, 잘못을 하고도 오히려 큰소리를 내곤 했었죠. 하지만 그때 실수를 많이 해 본 덕분에 지금의 운전 실력을 가질 수 있었습니다. 자동차 운전은 설명서가 없지요. 안전 운전과 경제적인 운전 방법은 경험을 통해 얻어집니다.

에너지 관리도 마찬가지라고 생각합니다. 아무도 해 보지 않은 에너지 운영과 관리를 진행하면서 처음에는 어렵기도 했고 실수도 많이 했었습니다. 에너지 통합 운영 센터를 운영하다 보니 처음 구상했던 것과 다른 부분도 많았고 필요한 정보도 많더군요. 그때마다 조금씩 개발하고 발전시키다 보니 현재의 에너지 통합 운영 센터가 완성되게 되었습니다. 아마 현재 시점에서 에너지 운영 능력으로 1등을 뽑으라면 E-TOC가 아닐까 싶은데요.

에너지 통합 운영 센터의 재미있는 기능은 역시 원격 제어가 아닐까 싶습니다. 물리적으로 떨어져 있는 공간의 에너지 사용을 제어하기 때문에 처음에는 아주 놀랍고 신기한 기능이었습니다. 그런데 겨울철 난방기 온도를 제어하고 에너지 사용을 제어하다 보니 에너지 소비자들의 불만도 많고 항의도 많았습니다. 하지만 이러한 원격 제어를 해 줌으로써 에너지 소비자가 신경 쓰지 않아도 에너지 사용량이 절감되는 결과를 보여주니 다들 최고라면서 엄지손가락을 올리더군요! 앞으로도 에너지 통합 운영 센터를 운영하면서 쌓인 노하우를 바탕으로 마이크로 에너지 관리 운영 기술을 발전시켜 나갈 예정입니다. 지난 2012년 5월 개관 이후 세계 각국의 약 1,500여 명이 에너지 신기술을 체험하기 위해 방문하였습니다.

04

시장 기반 조성

소비자를 중심으로 한 새로운 에너지 시장이 다가오다

지금까지 전기, 열, 가스가 통합되어 Plug & Play가 가능한 마이크로 에너지 그리드(MEG)를 위한 기초가(MEB)가 마련되었다. 이를 구현하는 정보 시스템을 MEG 플렛폼이라 정의하였으며 E-TOC를 구축하였다. 아무리 좋은 시스템도 실제에 적용되지 못하면 아무 소용이 없다. 이번 장에서는 MEG의 실제 적용을 위한 방안을 찾아 보고자 한다.

MEB와 Ownership

아주 오래전부터 지금까지의 에너지는 국가의, 국가에 의한, 국가를 위한 관점으로 관리되었다. 정부의 결정에 따라 에너지가 공급되었다. 공급량 가격이 정부의 기준에 의해 정해진다.

MEG는 기존의 에너지 관점에서 발상의 전환을 시도하였다. MEG는 소비자를 위한 관점으로 에너지를 관리하는 것이다. 소비자는 스스로를 하나의 주체로 인지하고 각자의 상황에 따라 더 나은 조건과 비용 측면의 장점을 선택하여 에너지를 사용하는 것이 가능하다.

MEB는 MEG의 에너지 소비와 생산의 기본 단위이다.

건물을 MEB라 생각 할 때 규모의 크고 적음에 관계없이 소유주와 운영자, 사용자가 존재한다. 소유주와 운영자, 사용자가 동일한 경우도 있고 소유주와 운영자, 사용자가 모두 다른 경우도 있다. 건물별 상황에 맞는 결정과 생각에 따라 다양한 형태로 건물의 에너지 관리 시스템이 운영된다. 건물의 소유권은 MEB 운영의 결정권을 가진다. 이 내용의 핵심은 결정권을 소유주, 즉 소비자가 가지고 있다는 것이다.

강남구 역삼동 래미안 8동 1101호에는 왕소금 여사 가족이 살고 있다. 왕소금 여사가 살고 있는 아파트에는 개별공간과 엘리베이터 복도 로비 등의 공용공간이 있다. 왕소금 여사가 살고 있는 공간 1101호를 MEB라 할 때 공용공간은 상위 개념의 MEB이다. 8동은 좀 더 상위의 MEB이 며 MEB들의 집합으로 아파트의 상위 MEB가 되어 외부 매크로 그리드 와 만나는 지점이 된다.

아파트 개별공간의 베란다에 소규모 태양광발전을 설치한 경우, 소유권 은 아파트 개별 가정에 있으며 생산된 에너지에 대한 책임과 권한 또한 개별 가정에 있다. 아파트 단지의 공동구역에 태양광발전설비를 설치한 다면 단지 MEB가 그에 대한 책임과 권한이 가지게 된다.

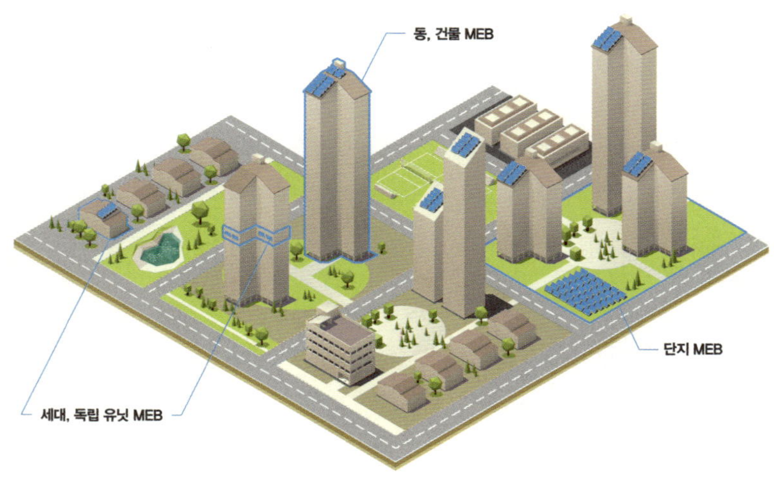

[소유권에 따른 MEB(PV 설치) 예시]

신사업의 등장 예고

산업계에서는 어떻게 MEG를 활성화 할 수 있을까? 우선 MEG 관련 설 비와 제품을 만드는 기업에서 실증과 검증을 거친 믿을 수 있는 객관적 자료를 제시하여야 한다. 이를 통해 소비자는 MEG를 보다 쉽게 이해 할 수 있고 MEG 사용에 따른 장점을 알 수 있다.

앞으로 관련 시장의 규모가 커지면 경쟁도 치열해진다. 소비자의 선택을 받을 수 있는 MEG 솔루션의 확실한 차별화 방안을 마련하여야 한다. 이를 위해서는 먼저 과감한 투자와 지원을 통해 원천 기술과 특허를 확보하여 우선권을 선점하는 노력이 필요하다.

일반적인 건물의 생애 주기는 50년으로 기존 건물에 MEG를 적용하는 방법을 찾는 것도 중요하다. 신규 건축물을 위해 기존의 건축물을 철거 할 수 없는 상황에서 찾아낸 것이 리모델링이다. 리모델링은 기존 설비를 최소한으로 변경하는 것이 일반적이다. MEG의 적용도 같은 개념으로 건물에 적용 될 수 있다. 건물 시스템 자체를 바꾸는 것이 아닌 절전 스위치를 바꾸는 정도의 내용이다.

기존 산업단지를 리모델링하는 경우 개별 건물에 적용되었을 때보다 훨씬 큰 시너지 효과를 얻을 수 있지만, 소유주들은 명확하지 않은 장기적 관점의 장점보다 교체 과정에서 발생하는 투자비용을 먼저 생각하는 경우가 일반적이다. 이들을 설득하기 위한 명확한 기준과 자료를 마련하고 적극적으로 홍보할 필요가 있다.

1. 2. 3장에서 그려 온 전기, 열 가스 분산전원을 통합하는 상위 MEB의 운영 및 관리는 현재 국내에 제도화 되어 있지 않은 영역이다. 정부와 소비자 사이에서 국내 전력망의 최대수요를 낮추면서도 소비자들이 안정적이고 높은 품질의 에너지를 사용 할 수 있도록 도와 양측의 요구를 모두 충족시키는 새로운 형태의 에너지 운영 관리 사업자의 등장이 필요하다.

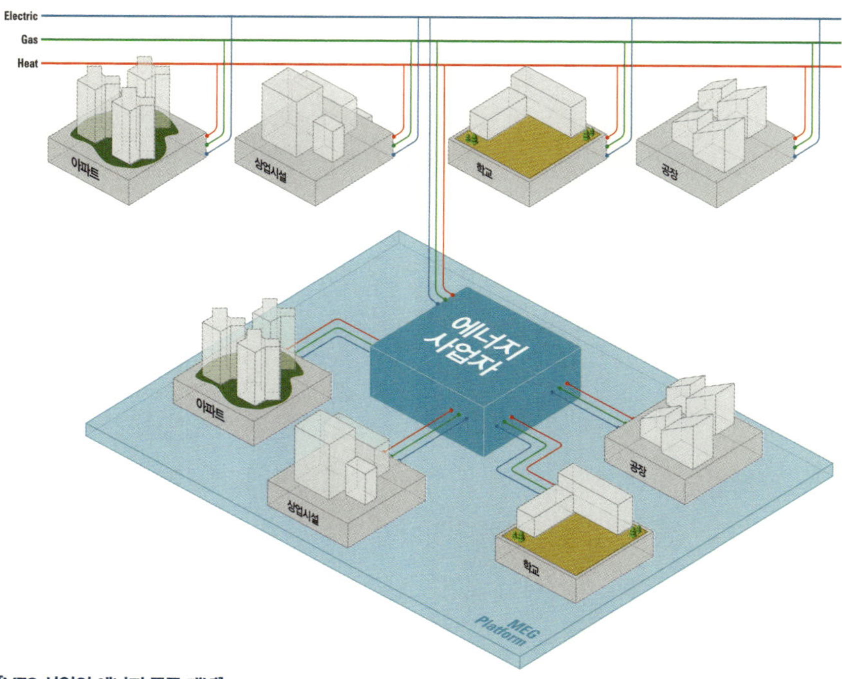

[MEG 사업의 에너지 공급 개념]

07 : MEG 시장 성장을 위한 기업의 역할

한임무 팀장

MEG 산업을 발전시키기 위해 기업은 무엇을 해야 할까요. 전 세계적으로 MEG 산업은 정부 주도로 진행되고 있습니다. 정부는 에너지 관련 산업을 육성하기 위한 정책을 제시하고 있으며 이러한 정책에 따라 기업들은 새로운 시장을 주목하고 있죠. 하지만 국내 기업들은 조심스러운 태도를 보이고 있는 것 같습니다. 아마도 본격적인 시장의 성장 시점을 예측하기 힘들기 때문이겠죠.

또 다른 이유는 MEG를 도입하면 얼마나 좋은지에 대한 대중의 인지도가 낮기 때문일 겁니다. MEG 관련 설비가 되어 있는 건물의 경우, 많은 유지비를 줄일 수 있지만 국내에서는 성공 사례가 아직 드물죠. 그만큼 소비자에게 쉽게 와 닿지 못하는 부분이에요. 또한 비싼 MEG 관련 상품 가격을 시장 성장을 저해하는 요소로 작용하고 있습니다. 기존 주택을 리모델링할 때는 설치할 수 없거나 신축보다 비용 부담이 훨씬 큰 제품들도 다수 존재하거든요.

또 현실적으로 건물 소유주와 사용자가 다른 경우, 양측 모두 에너지 효율화 비용을 지불할 인센티브가 크지 않습니다. 하지만 장기적으로 MEG의 효율성을 고려한다면 우리 기업들도 적극적으로 에너지 효율 시장에 대한 대응 방안을 모색할 필요가 분명 있습니다.

정책적 제도적인 지원

새로운 산업을 활성화 시키는 가장 좋은 방법은 정부의 정책적 · 제도적 지원이다. MEG는 중앙정부의 큰 그림을 바탕으로 각 지역별로 에너지 생산 및 소비 형태가 다름을 고려하여 지방자치단체 단위에서 실질적인 업무를 추진하는 것이 바람직하다.

기존의 친환경 건축물 인증 및 에너지 효율등급제와 같은 MEG 고유의 인증 제도를 만들어 기준에 부합하는 경우 인증하고 제도적인 혜택을 부여하는 것도 하나의 방안이 될 수 있다. 인증 제도와 관련하여 검증 및 평가 기준을 정비하고 기존 제도들과의 연계방안도 고려해 볼 수 있다.

건물 소유주는 MEG의 여러 장점을 알고 있지만 초기 투자비용의 부담으로 인해 시스템 적용을 망설인다. 지난 20여 년의 그린빌딩의 사례를 통해 알 수 있듯 전체를 위한 바람직한 비전을 제시한다면 시장은 그 방향으로 변화 될 것이다. 좀 더 빠른 변화를 위하여 국가 차원의 초기 투자비용 지원방안도 생각해 볼 수 있다.

정보제공을 통한 활성화도 중요하다. 국가 차원의 표준을 만들고 지방자치단체를 통해 MEG를 위한 가이드라인을 제시하고 배포 할 수 있다. 실제 미국과 유럽의 경우 국가 차원에서 설립한 재단을 통해 가이드와 보고서가 발간되고 있다. 이러한 활동은 발주자와 실제 사업주체에 큰 영향을 준다. 국내에서도 유사한 활동이 진행되지만 민간사업의 경우 큰 영향을 끼치지 못하는 상황이다. 따라서 국가 차원에서의 현실적인 가이드라인과 정보가 제공되어야 한다.

시장 활성화를 기대하며

MEG의 시장 확대가 가능하려면 신뢰성 높은 보안 시스템과 MEB 간의 소통이 무엇보다 중요하다.

현대 사회에서 에너지 데이터는 중요한 보안정보 중의 하나이다. 전기 계량기 데이터만 살펴 봐도, 그 집에 사람이 있는지 없는지를 대략 판단할 수 있다. 심지어 어떤 전기제품을 언제 사용하는지도 알 수 있게 되었다. MEG가 ICT 기술을 기반으로 하기 때문에 실제 활용을 위해서는 사이버 보안을 철저히 해야 한다.

K-MEG 과제를 통한 MEG 실증에서는 MEG를 안전하게 운영하도록 관리적·기술적 보안대책을 마련하였다. 관리적 보안대책으로는 정보보호 조직, 보안관제, 침해사고 대응체계, 보안점검, 정보보호 교육, 보안위해물품, 개인정보보호, 시설보안 등을 포함하는 MEG 정보보호 관리체계를 만들었다. 기술적으로는 네트워크 보안, 시스템 보안, 기기 보안, 암호·인증, 통신 보안 대책을 만들어 적용하고 있다.

표준화는 국제 공용어와 같이 서로 다른 MEB의 데이터 소통을 가능하게 한다. 기존의 국내외 표준과 함께 사용되고 있는 기술 표준, 실증 시스템 개발을 기반으로 하여 시장, 운영, 서비스제공자, 배전, 신재생에너지, 소비자의 6개 영역으로 MEG 개념 참조 모델을 정의하였다. 여기에 개념 참조 모델로부터 첨단 계량 인프라, 수요반응관리, 소비자 에너지 통합관리, 분산 에너지 그리드의 응용 서비스 참조 모델을 이끌어 내었다. 이러한 응용 서비스는 국제 표준화 기구 또는 국내 표준화 기구가 이미 정의한 표준들과 비교하며 발전하는 중이다.

MEG라는 새로운 에너지 수급 방식이 산업으로서 활성화되기 위해서는 무엇보다도 자발적인 시장 성장의 원동력, 즉 경제성이 있어야 한다. 경제성을 가지기 위해서는 개별 운영이 아닌 팀 차원으로 전략을 만들어 사업을 해야 한다. 하나의 가장 작은 MEB를 축구선수라고 가정해 보자. 축구선수가 팀을 구성하여 새로운 레벨의 MEB를 구성하고, 개인기의 조화를 이뤄 팀워크를 펼치며 경기에 임하는 것, 그리고 더 상부의 축구 리그에 도전하는 것이 바로 MEG가 그리는 에너지 활용 전략이다.

에너지를 재해석하다

K-MEG 사업 모델

마이크로 에너지 그리드(MEG) 구현을 위해 한국형 마이크로 에너지 그리드(Korea Micro Energy Grid, K-MEG) 사업단에서는 다양한 형태의 MEG 모델을 실증하고 있다. 산업단지, 대형 건물군, 소형 건물군, 아파트 단지와 같이 주변에서 흔히 볼 수 있는 에너지 수요 밀집 지역을 대상으로 솔루션을 개발하였으며, 현재 최소한의 경제성을 확보한 사업모델로 발전시켰다. 이와는 반대로, 전기가 공급되지 않는 지역(Off-Grid)을 위한 MEG 솔루션 또한 개발하였다.

Story 2에서는 폐열재활용 산업단지 모델, 중앙 집중식 냉난방 시스템이 갖춰진 대형 건물군 모델, 실마다 개별적으로 냉난방을 하는 소형 건물군 모델, 도시 에너지 관리 모델이 어떻게 구현되고 있는지 알아보자. 전기가 공급되지 않는 지역 모델은 Story 4 해외진출 편에서 소개하겠다.

01

산업단지 재생열 활용: **시화산업단지**

재사용 가능한
열원을 모아
수요처에
에너지로 판매하다

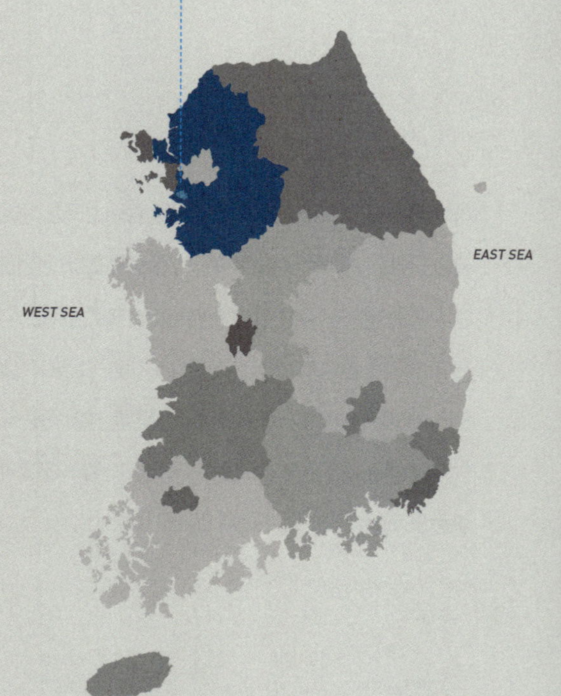

배경

K-MEG 사업단은 산업단지에서 활용할 수 있는 열원 중심의 마이크로 에너지 그리드(MEG)를 구현하고자 하였다. 열원 중심의 MEG는 재사용 가능한 열원을 모아 온수나 스팀, 전력으로 변환하여 수요처에 에너지를 판매하는 개념이다. 여러 곳의 열원 N개를 여러 곳의 수요처 N곳에 보내는 이 개념을 'N:N 복합 Heat Grid'라 명명하였다.

전국에 퍼져 있는 많은 산업단지 중에서 시화산업단지에 K-MEG 실증이 추진된 배경은 다음과 같다. 먼저 각 참여사의 접근성이 중요했다. 또한 입주 기업들의 에너지 생산 및 사용에 관한 사전 정보가 확보된 곳이어야 했다. 시화산업단지는 경기도 안산시와 시흥시에 분포한 경공업 중심의 산업단지이다. 이곳은 수도권에서 차로 1시간 거리에 위치하고 있어 접근성이 매우 좋은 곳이다. 입주 기업들의 에너지 사용 현황 관련 자료도 쉽게 구할 수 있었다. 한국산업단지공단 산하 기관인 경기생태산업단지 사업단은 관련 자료를 제공해 주었다. 경기생태사업단지 사업단은 산업단지를 친환경적으로 만들기 위해 구성된 조직이다. 이 사업단은 K-MEG이 시화에 N:N Heat Grid를 디자인하고 사업 구도를 기획하는 데 적극적으로 협조해 주었다. 시화산업단지는 접근성과 사전 정보 확보라는 기준을 충족한 곳이었다. K-MEG은 시화산업단지에 MEG를 구축하고 운영해 보기로 했다. 이 단지는 향후 에너지 사업의 경제성을 평가하는 데 긍정적인 사례가 될 것이라는 확신이 들었다.

실증 개념

산업단지에 위치한 기업들은 자체 생산공정에서 많은 에너지를 소비할 뿐만 아니라 그 과정에서 많은 에너지를 발생한다. 이렇게 부산물로 발생되는 에너지는 대부분 스팀의 형태이다. 만약 이 에너지가 고압으로 추출된다면 이는 훌륭한 에너지원이 된다. 그 자체로도 사용이 가능하고 난방용 온수나 전력을 생산할 수도 있다. 여수와 같은 중공업 산업단지에서는 부산물로 발생되는 스팀이 고압 형태이고 큰 규모로 발생하기 때문에 별도의 가공 없이도 상품성이 좋다. 이런 스팀은 좋은 에너지원이다. 인근 기업들은 이런 에너지원을 잘 인식하고 있다. 기업들은 벌써부터 열배관망을 깔고 압력을 조정하여 이러한 에너지를 재사용하려고 발 빠르게 움직이고 있다.

그러나 중공업 단지와는 달리 일반 경공업 중심의 산업단지에서 $40\sim50\text{kgf/cm}^2$ 수준의 고압에 시간당 수십 톤 규모의 대용량 스팀이 부산물로 발생하는 경우는 매우 드물다. 10kgf/cm^2 미만의 압력으로 시간당 십여 톤 규모의 스팀을 열원으로 얻을 수 있는 것이 고작이다. 하지만 K-MEG 사업단은 이런 열원에 주목하여 그리드를 구현하기로 했다. N:N 복합 Heat Grid는 여러 열원을 엮어 규모를 키우고 다양한 수요처를 확보하여 스팀, 온수, 전력을 모두 공급하는 전략을 세웠다.

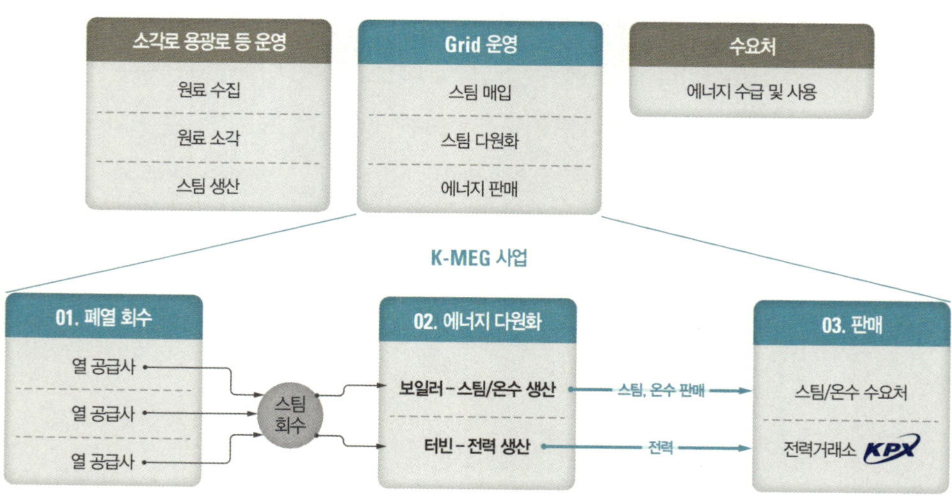

[K-MEG 열그리드 실증 개념]

이번 시화산업단지는 제가 책임을 맡아 진행했습니다. 저희 사업단의 첫 번째 비즈 기획이라 여러 가지 시행착오를 많이 겪었어요. K-MEG 사업단이 국책 과제로 비즈 모델 실증을 하는 이유는 국내 사업을 통하여 수익을 창출하는 게 아니었어요. 우선 국내 시장에서 비즈 모델을 검증해 보고 이를 레퍼런스 삼아 해외 시장에 진출하려는 목표였던 거죠. 그러면 국내에서도 성공을 해야겠죠. 시화산업단지에 구축하고자 한 N:N 복합 Heat Grid 역시 국내 산업단지에서 에너지와 돈이 순환하는 모습을 구현해 보고 향후 이 모델을 해외 시장에 수출하려는 목표를 세운 겁니다. 이런 이유로 시화산업단지에서의 실증은 국책과제비의 지원을 최소화하고 필드의 살벌한 경쟁 환경에 그대로 다가가려고 했어요. 그러면 앞으로 어떤 어려움이 닥칠지라도 이겨낼 수 있는 힘이 생길 테니까요. 기획 단계에서의 사업성 검토, 그리드의 효율성을 높일 신기술 적용 등에서만 과제비를 지원받고 나머지 사업비는 사업자들 간에 SPC(Special Purpose Company, 특수목적법인)를 공동 설립하여 PF(Project Financing) 자금을 차용하기로 했습니다. 저 양심희는 양심적으로 과제를 충실히 하기 위해 최선을 다해 노력하고 있어요. 응원해 주세요.

설계

기술적인 측면에서의 N:N 복합 Heat Grid는 N:N Grid를 통합 관리하는 것이 중요하다. 스팀 형태의 열원 여러 개가 하나의 열배관망으로 합쳐지기 위해서는 기본적으로 압력이 같아야 한다. 첫 번째 열원에서는 10kgf/cm^2 압력의 스팀을 열배관망 안으로 흘려 넣고, 두 번째 열원에서는 7kgf/cm^2의 스팀을 흘려 보낸다고 가정해 보자. 두 번째 열원의 스팀은 열배관망 안으로 들어가지 못하고 튕겨 나온다. 물의 압력과 비교해 생각해 보면 이해가 쉽다. 이런 불상사를 막기 위해서는 우선 열원들 간 압력 조정이 필수이다.

여러 열원의 스팀이 하나의 압력으로 조정되고 나면 수요처의 사용량에 따라 공급-수요 간의 밸런스가 유지되도록 관리해야 한다. 밸런스를 맞추는 작업은 사업 기획 단계에서 그리드 규모를 산정하여 1차적으로 고려되고, 설계 과정에서 상세하게 분석된다. 그리드 구축 후에는 시운전할 때에 마지막으로 조정한다. 이렇게 수차례에 걸쳐 밸런스를 맞추지만 완벽한 밸런스를 찾는 것은 불가능할 뿐만 아니라 그리드 상의 보완성이 낮아 큰 의미가 없다. 낭비되거나 버려지는 스팀 없이 알뜰하게 운영하기 위하여 스팀 터빈과 같은 설비를 고려해 보는 것이 MEG를 구축할 때 훨씬 더 효율적이다.

그리드에 연결된 수요처가 하루 24시간, 주 7일, 년간 365일 동일하게 스팀 혹은 온수를 사용하면 좋겠지만 그렇지 못한 경우에도 그리드는 효율적으로 운영되어야 한다. 일반적으로 생산 공정에 스팀을 사용하는 수요처의 경우, 야간과 주말에 소비량이 줄고 난방 온수를 쓰는 수요처는 하절기와 동절기 소비량의 차이가 많다.

이렇게 소비 부하는 변동성이 심하다. 공급 부하가 일정할 때에 남는 스팀은 터빈을 돌려 전기를 생산할 수 있다. 생성된 전기는 야간과 주간의 가격 차이는 있지만 한전으로 송전 판매가 가능하다. 물론 스팀이나 온수로 직접 판매 대신 송전 판매를 했을 때의 경제성은 따져 보아야 한다.

K-MEG은 낭비되는 스팀을 최소화하는 방안에 먼저 주목하기로 했다. 최초 기획시에는 소규모 스팀 터빈의 설치를 고려했었다. 하지만 일반 터빈이 갖고 있는 문제가 곧 대두되면서 그 대안으로 ORC(Organic Rankine Cycle)를 찾게 되었다. N:N 복합 Heat Grid에서 전기 생산은 스팀 소비량이 없는 시간대로 한정되는데, 이는 스팀 터빈이 운전 시간과 휴지(休止)를 반복해야 한다는 것을 의미한다. 하지만 아무리 소형이라 하더라도 터빈은 On/Off가 간단한 기계 장치가 아니다. 터빈은 최소 부하로 상시 운전이 되어야 성능 보증이 가능하고, 그 최소 부하는 보통 터빈 용량의 절반을 차지한다. 쉽게 풀어 1MW급 스팀 터빈을 활용하고자 한다면 평소에 최소 500kW의 발전을 하고 있어야 한다.

낭비되는 스팀이 많기 때문에 스팀 터빈은 기획 단계에서 탈락되었다. 대신 ORC를 설치하기로 하였다. ORC는 스팀 터빈에 비해 수백 kW

급 소형 제작이 일반적이다. 또한 용량 대비 최소 운전 부하 즉 Turn-Down Ratio가 10:1로 그리드 운용이 훨씬 경제적인 아이템이다.

그리드 설계를 마치고 난 후, 그리드 전체의 운영과 통제를 관장할 시스템 구축을 기획하였다. 에너지가 거래될 때 필수적으로 따라와야 할 정보로는 단위 시간 동안 에너지가 거래되는 양, 에너지의 품질, 거래 기간, 거래 단가, 정산 금액 등이 있다. 이러한 정보들이 늦지 않게 실시간으로 공급, 운영, 공유되게 하는 시스템을 마련했다. 그러나 이 MEG 단위의 정보는 고립된 상태로 단독 존재하게 되면 의미가 없다. K-MEG은 로컬 에너지 운영 센터(Local Energy Operation Center, LOC)를 거쳐 에너지통합운영센터 E-TOC까지 연결하는 진정한 에너지 네트워크화를 실현하기로 했다.

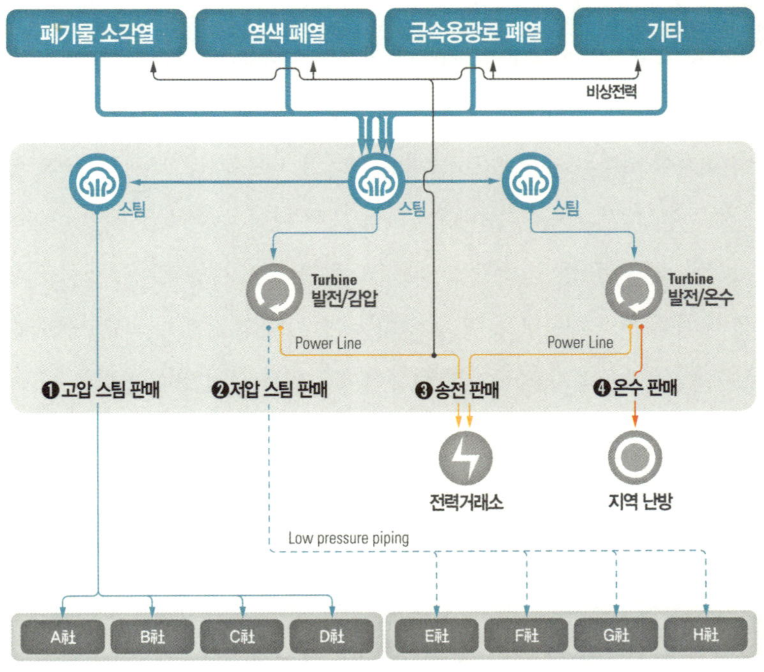

[열 그리드 블록 다이어그램]

사업화 개념

K-MEG 사업단은 그리드가 경제적으로 독립할 수 있는 방안을 고민했다. 기본적으로 Heat Grid의 사업적 개념은 간단하다. 재사용 가능한 열원을 발굴하여 구매 계약을 맺고, 그 열원을 정제된 스팀이나 온수, 전기로 변환하여 적합한 수요처에 파는 것이다. 에너지 중개인, 에너지 도매업자 등으로도 설명할 수 있지만 이렇게 설명하기 위해서는 각 이해관계자들에게 제시할 인센티브를 연구해야 한다.

우선 재사용 가능한 열원을 확보하고 구매 계약을 맺는 일부터 생각해보자. 산업단지 내에서 재사용 가능한 열원은 무엇일까. 가장 대표적인 것이 폐기물 소각로에서 발생하는 소각열이다. 그리고 제지공장이나 염색공장에서 부산물로 발생하는 스팀이나 용해로를 가진 배터리 공장 등에서 발생하는 용해열이 있다. 이 열원이 사업에 적합한지를 파악하고 발생량, 품질, 시설 투자비 등을 고려하여 구매 계약을 해야 한다. 부산물로 발생되는 열이니까 싼 값에 계약을 맺을 수 있다는 기대는 처음부터 버려야 한다. 사회적으로 신재생 에너지, 탄소 저감, 배출권 거래, 분산화 등에 대해 관심이 높아지고 이에 대한 지식 수준이 올라갔다. 이에 소각로, 제지 공장, 염색 공장, 배터리 공장 등의 사업체는 부산물 열원을 판매해 추가 매출을 올릴 수 있다는 것을 잘 알고 있다. 이런 정보 때문에 열원 제공업자들은 가격 협상에서 우위를 선점할 수 있다.

열원을 찾고 구매 계약을 하는 데에 가격 협상이 쉽지 않다고 예상되어 열원을 가진 사업자와 공동 사업을 제안하였다. 열원을 중심으로 하는 열배관망 구축은 투자비 회수 기간이 6~7년 가량 걸린다. 이런 이유로 열원을 가진 기업이 공동 사업자로 SPC 구성에 참여하고 공급 부분을 책임지는 것이 사업의 위험을 분산시키고 사업성을 확보할 수 있는 방안이다. 열원 공급 기업은 에너지 분야로 사업을 다각화한다는 새로운 의미도 가질 수 있었다.

기획 단계에서는 그리드 구축 후에 운영 관리, 유지 보수 등의 업무를 직접 할 것인지 위탁 관리를 할 것인지에 대해서도 확인해야 한다. 그리드 규모가 큰 경우라면 SPC 내 운영 관리 조직 산하에 유지 보수팀을 만들어 직접 관리하는 것이 좋겠지만, 그리드 규모가 작은 경우의 유지 보수는 위탁 관리 업체에 맡기는 편이 경제적이다.

이제 남은 것은 수요처를 확보하고 판매 계약에 대한 전략을 세우는 일이다. 에너지를 변환시켜 발생한 전기는 한전에 송전 판매를 하기 때문에 판매 단가에 대해 고민할 필요는 없다. 스팀과 온수 판매에 대해서는 수요처를 찾고 현재 그 수요처의 스팀과 온수 사용 비용보다 저렴한 단가를 제시하면 된다. 하지만 저렴한 단가를 제시할 때 그리드의 사업성을 살펴야 하고 너무 싼 가격으로 시장을 교란시켜서는 안 된다. 또한 수요처에서 일하고 있는 스팀이나 온수 관리 담당자의 일자리를 위협해서도 안 된다. 이미 지역 에너지 사업자에게서 스팀이나 온수를 공급받고 있는 기업들은 그리드 수요처 후보에서조차 제외하기로 했다. 자체적으로 보일러를 운전하여 스팀이나 온수를 생산하는 기업들에게 스팀과 온수 공급하는 것을 기준으로 잡았다. 시행 초반 사업자는 그리드의 백업 보일러로 자체 보일러 운영권을 산다. 이후 점진적으로 자체 보일러들이 수명을 다하면 철거해 나간다는 전략을 세웠다.

사업을 기획하며 기술적, 사업적인 개념을 잡고 그에 따른 전략을 세워가는 것은 매우 중요하다. 하지만 어려움도 함께 있었다. 사업 기획 내용을 만족시키는 이해관계자들을 모으는 일이 결코 쉽지 않았기 때문이다.

사업구도 기획

N:N 복합 Heat Grid 구축에 있어 사업비 대부분은 열배관망을 구축하는 비용과 열원 제공 기업들에게 정제된 스팀을 뽑아내기 위한 설비 투자비로 쓰인다. 사전 기획에서 수백억 원대 규모의 사업비가 예측되었다. 이를 위해 K-MEG 사업단은 PF 자문단을 구성하여 사업 추진을 시작했다. 금융주선기관, 사업성검토기관, 법무법인, 기술검토기관 등이 모여 시화산업단지 N:N 복합 Heat Grid 사업 자문단을 구성했다. 사업의 기획 및 영업, 설계, 시공을 담당할 기관들도 선임하였다. 전반적인 기획은 K-MEG이 총괄하면서 열원 공급처와 수요처를 대상으로 하는 영업에도 관여하기로 하였다. 설계와 시공은 국내 ESCO 사업의 1인자이며 유사 시공경험이 풍부한 참여기관에서 주관하기로 하였다. 또한 K-MEG 참여사로서 진공보온배관 생산에 특화된 기술을 보유한 기관에서 열배관망을 구축하고, 그리드 운영 시점에 유지 보수에 대한 위탁 관리를 담당하기로 하였다.

02 : 국책과제 실증사업의 애로사항

양심희 대리

개발사업이 PF로 추진될 때의 어려움은 만만치 않죠. 그 어려움을 세세하게 풀어내자면 책 한 권 정도는 가볍게 채울 수 있을 걸요. K-MEG 사업단의 경우도 그 과정이 결코 순탄치 않았습니다.

금융주선사, 사업성검토기관, 법무법인, 기술검토기관으로 구성된 자문단은 업계 최고의 전문가들이 모여 최상의 서비스를 제공해 줄 수 있었어요. 하지만 기획 및 영업, 시공, 설계를 맡은 K-MEG 참여사들 간에는 미묘한 긴장이 형성되었어요. 국책과제를 위해 하나로 구성된 컨소시엄이었고 그 안에서도 각 사의 장점을 살릴 수 있는 기업들이 모여 하나의 사업을 추진하자고 의기투합한 상태였지만요. 초기 단계에서는 어느 기업도 명확한 소유권을 갖기 힘들었기 때문에 긴장이 형성된 것이죠. 경제 논리로 본다면, 초기 투자비를 확보하고 돈을 푸는 기업이 소유권을 갖고 프로젝트를 리드할 수가 있죠. 사업이 성공적으로 착수되어 지속적인 수익이 발생할 것이라는 예측에 따라 초기 투자를 하고 강력한 드라이브를 걸 수 있을 텐데요. 이 사업은 시작부터 국내 실증을 통해 최소의 수익만 올리고 향후 해외 진출을 모색하자는 논리였기 때문에 사기업들의 공격성이 쉽게 드러나지 않았습니다. 국책과제를 통한 사업 추진이 일반 개발 사업에 비해 순탄치 않다는 것을 추진 기업들을 보면서 확인한 거죠. 이번 기회로 많은 부분을 알 수 있었습니다.

영업 및 계약

사업 기획을 마치면 현장에서 영업을 해야 한다. 기획에 따라 열원 공급 측과 수요측 영업을 동시에 진행하였다. 공급원 측에 사업 참여를 제안하기 위해서는 안정적인 수요처 확보를 해야 했고, 수요측에 Heat Grid의 스팀이나 온수를 판매하기 위해서는 안정적이고 좋은 품질의 열원을 제공할 공급처가 이미 있음을 확인시켜야 했다. K-MEG 사업단은 이 상황을 MOU부터 열수급 계약까지 단계적으로 처리해 나가기로 했다.

우선 열원 공급 기업과의 사업실시협약(Memorandum of Agreement, MOA) 체결을 목표로 삼았다. 일반적으로 업무 협약을 맺을 때에는 MOU(Memorandum of Understanding)를 체결하지만 K-MEG은 계약 체결 이전 단계에서 조금 더 구속력 있는 협약이 필요했다. 열원 공급처인 폐기물 소각로 두 곳과 시화산업단지 N:N 복합 Heat Grid 사업에 공동으로 참여하면서 정제된 스팀을 안정적으로 공급한다는 내용의 업무 협약을 맺고, 상세한 내용은 향후 계약에서 협의하기로 했다.

이렇게 맺은 MOA를 바탕으로 수요처를 모집하고 열수급 계약을 맺었다. 두 곳의 폐기물 소각로에서 27kgf/cm²의 스팀을 시간당 최소 30t으로 확보하였고 수요처와 계약에 나섰다. 자체 보일러를 가동하는 것은 제품 생산 공정에 필요한 스팀을 알맞은 압력과 정화된 수질로 뽑아내기 위해서이다. 최종적으로 자체 보일러를 가동하고 있는 기업체 일곱 곳과 열수급 계약을 맺을 수 있었다.

열수급 계약서에는 최소 사용량과 스팀 단가, 사용 기간 등이 명확하게 명시되어 있었다. 단가는 현재 각 기업들이 보일러를 직접 가동하여 스팀을 생산하는 데 드는 비용보다 20% 가량 저렴하게 책정하였다. 스팀의 수질이 검증되고, 안정적 공급이 가능하다면 수요처 입장에서는 에너지 사용 비용을 매달 수천만 원에서 수억 원까지 줄일 수 있는 좋은 기회였다. 대부분의 수요처들은 제품의 생산 원가나 기업의 운영비를 줄이는 좋은 기회임을 충분히 알고 적극 참여하였다.

PF 추진 시에 수요처와의 열수급 계약은 향후 사업의 매출 근거로 인지되는 매우 중요한 부분이다. PF 금융을 일으킬 때 돈을 빌려 주는 대주단 입장에서 가장 중요하게 보는 것은 사업단 매출이 꾸준하게 나와 대출금을 연체 없이 다 갚을 수 있는지에 대한 부분이다. 이에 근거가 되는 것이 수요처와의 계약서이므로 대주단은 이를 매우 꼼꼼하게 검토한다. 대주단은 단가, 양, 기간에 대한 기본적인 조건이 만족되지 않으면 새로운 계약서를 요구하거나 모자라는 부분에 대해 사업단의 보증을 요구한다. 그렇기 때문에 K-MEG에서는 일곱 곳의 수요처와 열수급 계약을 맺을 때, PF 자문단의 검토를 받아가며 계약서를 매우 꼼꼼히 작성했다. 수요처들도 큰 의미에서는 그리드를 통해 열을 수급 받는 것에 대해 호의적이었지만, 세부 조항이 포함된 계약서에 대표자 서명을 하기까지 검토와 수정 요청을 몇 번이나 거치고 나서야 계약서를 작성하였다.

현재 모습

시화산업단지 N:N 복합 Heat Grid는 9kgf/cm^2 압력을 가진 시간당 10t 규모의 스팀이 열원으로 구축된다. 이중 보온배관을 통과한 스팀은 수요처에 직접 분사되는 것이 아니라 열교환기를 통해 열만 전달하고, 열을 빼앗긴 스팀은 응축수가 되어 회수된다. 회수되는 응축수의 온도는 80℃ 수준이어서 난방 온수로 판매할 수 있는 에너지원이다. 하지만 이번 사업에서 온수 판매는 제외하고 응축수는 다시 스팀으로 생산하기로 했다. 스팀을 보내고 응축수를 받기 위해 열배관망을 한 쌍으로 움직이게 설계했다. 이렇게 구축해 놓으면 향후 온수 수요처가 발굴되는 경우에 그리드의 확장성이 훨씬 쉬워진다.

또한 그리드 내에 소규모 ORC가 함께 설치되어 야간이나 주말에 남는 부하로 발전을 한다. Turn-Down Ratio가 10:1인 기기의 특성을 십분 활용하여 평소에는 0.5t 미만의 최소 부하로 운전할 계획이다. 모니터링 시스템을 구축하여 열원과 수요처의 유량계 값을 실시간으로 읽어오고 과금 및 정산 기능도 포함시킨다. 비상시 공지를 통해 백업 보일러를 가동한다거나 정기 정비일정을 알리는 작업도 모니터링 시스템에서 가능하도록 구현한다. 그리고 이 정보들은 E-TOC와 연동되어 관리됨으로써 각각의 그리드가 고립된 상태로 존재하는 것이 아니라 하나의 네트워크 안에서 움직이게 한다.

지금까지의 내용은 1차 구축분이다. K-MEG 과제 종료 시기 등을 고려하여 1차 구현 가능한 범위를 한정하였고, 과제 기간에 구애받지 않는 추가 확장 계획을 세우고 있다. 최초 열원의 계약 파기 이전에 열수급 계약을 일곱 곳의 기업에 대해 맺었고, 재기획되며 두 곳의 기업과 하게 되었다. K-MEG 사업단과 계약을 맺었던 나머지 수요처들도 하나의 그리드로 연결시키도록 내부적으로 기획 중에 있다.

향후 과제

시화산업단지 N:N 복합 Heat Grid 구현에 대해 K-MEG 해외 시장 진출을 위해 더 깊이 고민해야 할 점이 무엇인지 정리해 보자.

Grid를 구축하고 운영하는 사업자가 중개자의 입장에서 열원을 사와 재생산하여 되파는 과정에서 가장 기본이 되는 것은 상품성 좋은 열원을 싼 값에 사오는 것이다. 시화산업단지에서 N:N 복합 Heat Grid는 이 기본적인 조건을 충족시키기가 매우 어려웠다. 산업단지 곳곳에 미활용 되는 열원은 많다. 폐기물 소각로에서 발생하는 소각열이나 염색공장, 제지공장 등에서 사용하고 남는 스팀, 배터리 공장의 용해로에서 발생 하는 용해열 등 다양한 종류의 열원은 곳곳에 있다. 하지만 이 열원들 을 활용하여 경제성 있는 사업 추진이 가능한가에 대해선 생각해 보아 야 한다.

소각열이나 용해열에서 정제된 스팀을 뽑아내기 위해선 보일러 설치가 필요하다. 문제는 이 비용이 전체 사업에서 차지하는 비율이 꽤 크다는 것이다. 보일러 설치 하나만으로 끝나는 것이 아니라 보통 수처리 시설 과 탈황설비 등을 함께 설치해야 한다. 투자비가 많이 들어갈수록 열원 의 상품성은 떨어진다. 사업자가 취할 수 있는 열원의 현황이 대부분 이 와 유사한 상황에서, 열원 자체가 MEG의 사업성을 떨어뜨리는 첫째 요 인이 되었다.

다음으로 규모의 문제를 검토해 보자. Grid를 구축하는 데 일정 수준 이 상의 규모가 되어야 경제성이 확보된다. 소규모 미활용 열원을 모아 수 요처에 공급하고자 했던 이번 Grid의 콘셉트상 규모를 키우려면 다수의 공급처와 수요처가 하나로 엮여야 했다. 이들을 하나로 엮는 것은 열배 관망이다. 일반적으로 이중 진공보온배관을 사용하고, 스팀 라인과 응 축수 라인을 함께 배치했기 때문에 다수의 공급처와 수요처가 근거리에 있지 않으면 열배관망 구축 비용은 사업성을 크게 저해하는 요인이 되 었다. 규모를 키워야 하지만, 규모를 키우는 비용 때문에 경제성이 낮은 구조를 발견하게 된 것이다. 열배관망을 구축하는 설계비나 시공비 등 에서의 절감은 미미할 것이므로, 이중 진공보온배관의 단가를 낮출 수 있는 연구 개발이 절실해졌다.

앞서 언급한 열원 발굴과 경제성 문제는 모두 사업 기획 단계에서 발생하는 것이다. K-MEG이 구축하고자 한 N:N 복합 Heat Gird는 규모는 작지만 다른 Plant 개발사업과 다를 바 없는 과정을 거쳐야 제대로 된 사업 추진이 가능하다. 이 부분이 K-MEG이 풀어야 할 문제이다. 경제성 있는 적정한 규모를 정의하고, 사업 추진 과정을 간소화하는 것. 그래야 기획 단계에서 소요되는 많은 비용을 줄이고 사업 추진에 속도를 낼 수 있다. 혹은 제3의 사업자가 사업을 기획하고 추진하는 것이 아니라 산업단지 내에서 공급처와 수요처가 조합 형태의 SPC를 구성하여 자체적으로 N:N 복합 Heat Grid를 구성하는 방안도 고려될 수 있을 것이다. N:N 복합 Heat Grid 구축으로 매크로 그리드의 부하를 덜어주면서도 수익성 있는 사업으로 정착할 수 있는 출발선은 넘어섰다. 이제 K-MEG의 경험이 발판이 되어 여러 사업자나 공급과 수요처의 자체적 움직임이 있어야 한다. 또한 정책적 제도도 뒷받침 되어 끊임없는 연구와 도전이 지속되어야 한다.

열 그리드 사업화를 위한
끝 없는 도전

계약을 성사시켰다고 마음을 놓았는데 그게 아니었어요. 사건이 터진 거죠. 공급처가 MOA를 파기해서 재기획을 해야 했거든요.

수요처와 열수급 계약이 완료된 다음 MOA를 맺은 열원 공급처인 폐기물 소각로 두 곳과 본계약을 체결할 단계였어요. 이미 MOA 단계에서 상호 합의한 계약 단가를 포함하여 최소 공급량, 스팀을 정제하기 위한 설비 투자 등에 대해 상세하게 논의하였고 계약만 체결하면 되었습니다. 공급 계약서가 완료되면 설계와 견적을 바탕으로 사업성을 다시 한 번 검토하고요. 사업 추진을 위한 SPC를 설립하여 대주단을 만나 PF 금융을 일으키고 대망의 첫 삽을 뜨는 일련의 순서가 기다리고 있었죠.

그런데 열원 공급처였던 소각로 두 곳에서 계약서 검토를 지연시키며 프로젝트의 진행을 방해하더니 결국 본계약 체결을 않겠다는 의사를 밝혔어요. 계약 파기였죠. 이 시점에서의 계약 파기란 두 열원을 중심으로 한 설계를 무용지물로 만들어 버리는 행위였습니다. 사업을 처음부터 다시 진행해야 하니까요. 27kgf/cm²의 스팀을 시간당 30t 공급받는 조건으로 그리드 설계를 했고, 그에 맞는 수요처를 찾아 영업을 했으며 열수급 계약을 체결한 상태였죠. 27kgf/cm²의 스팀을 시간당 30t을 공급받는다는 전제 조건이 달라지면 사업은 다시 구상해야 합니다. 열원 공급처의 계약 파기는 생각지 못한 리스크였어요.

K–MEG 사업단에서는 당장 그간 투자한 설계비, 영업비, 참여사 인건비, 사업 지연에 대한 시간 등을 손해보는 것이었습니다. 손해 비용에 대해 배상 청구 소송을 진행하려고도 했는데, 국책과제를 진행하는 입장에서 지역 사업자를 대상으로 소송할 수는 없는 노릇이잖아요. 답답하지만 방법이 없었어요. 다시 열원 공급처를 찾아야 했습니다.

일반적으로 폐기물 소각로뿐만 아니라 염색 공장, 제지 공장, 배터리 공장 등도 열원 공급처가 될 수 있죠. 시화산업단지 내에 위치한 기업들 중에는 폐기물 소각로가 가장 양질의 스팀을 공급할 수 있어요. 처음 기획과 유사하게 공급해 줄 수 있는 열원으로 폐기물 소각로를 우선 발굴했어요. 부족한 양을 보충할 만한 열원을 추가로 찾기 위해 재빨리 움직였죠.

이미 최초 기획 시 열원이 될 만한 기업들과는 한 번씩은 협의를 했었잖아요. 다시 다듬어진 기획으로 미팅하는 일이 생각만큼 어렵지는 않았습니다. 시화산업단지 내에서 K-MEG 사업단은 더 이상 의문스러운 집단이 아니었고요. 우리가 구축하려고 하는 N:N 복합 Heat Grid도 더 이상 낯선 개념이 아니었던 거죠. 최초 MOA를 맺은 공급처들이 계약을 파기한 상황도 이미 소문난 상태였고요. 시화산업단지 내 몇 블록 떨어진 거리에서 유사한 사업을 하는 기업들이었지만 최초의 열원 공급처를 대변하기보다는 고맙게도 K-MEG 사업단 편을 들어주는 기업이 많았어요. 누가 봐도 명백한 소송감인 계약 파기였기 때문이거든요.

속도를 내어 다시 사업을 기획해 나갔으나 처음과 동일한 조건을 맞추기는 힘들었어요. 시간당 30t 규모이던 공급량을 도저히 맞출 수가 없어 10t 규모로 축소해야 했고, 그에 따라 이미 계약을 체결한 일곱 곳의 수요처 중에서도 두 곳만 선별하여 사업을 진행해야 했습니다.

선택의 여지가 없었어요. 규모를 축소할 수밖에. 9kgf/cm² 압력을 가진 시간당 10t 규모의 열원으로 수요처 두 곳을 연결하는 파격적인 규모 조정을 했어요. 수백억 원의 사업비가 들 것을 예상하고 PF 금융을 일으키려던 사업이 100억 원대 규모로 줄어든 것이죠. 일반적으로 PF 금융을 일으키는 최소 사업비는 1,000억 원 수준이거든요. 시화산업단지에 구축하려 했던 N:N 복합 Heat Grid는 해외 진출을 위한 국내 실증의 성격이 강하므로 1,000억 원 수준에 못 미치더라도 실제 환경에서처럼 PF를 추진하려 했습니다. 금융주선사인 정책금융공사에서도 K-MEG 사업단의 이런 취지를 충분히 이해하고 협조해 주기로 했고요. 하지만 100억 원 대의 사업은 아무리 명분이 있다고 하더라도 PF로 추진하기엔 오버헤드가 너무 컸습니다. 금융주선사, 사업성검토기관, 기술검토기관, 법무법인으로 구성된 자문단에게 지불해야 하는 비용도 만만치 않을뿐더러 절차들도 훨씬 복잡하기 때문이었죠. 여러 대안을 고민하다가 SPC는 그대로 설립을 하고, ESCO(Energy Service Company) 정책 자금 활용을 고민하게 되었어요.

처음 기획과는 방향이 많이 달라지고 있었기에 K-MEG 사업단은 다시 한 번 이 사업의 의미를 생각해 보았습니다. PF 금융을 일으킬 사업 규모가 안 된다고 해서 사업을 접을 수 없는 이유와 ESCO 정책 자금을 활용해서라도 프로젝트를 끌고 가야 하는 당위성을 찾아야 했죠. K-MEG 사업단의 국내 실증은 수익 창출의 목적보다는 향후 해외로 진출하기 위한 레퍼런스 구축에 더 가중치를 두고 있다는 점이 당위성이 되었습니다. 결국 K-MEG 사업단은 100억 원 대의 사업을 ESCO 정책 자금을 활용해서 추진하는 것으로 의견을 모으게 되었어요. 기나긴 여정을 통해 K-MEG 사업단이 계획이 여기까지 오게 된 거예요.

02

대형 건물군 에너지 효율화: **광교테크노밸리**

건물 간 에너지 교류로
운영 효율을 개선하다

배경

대형 빌딩이 밀집되어 있는 도시에서도 산업단지와 같이 버려지는 에너지를 재활용하는 방법은 없을까? 수원의 광교테크노밸리는 이런 방법의 해답을 찾기 위해 노력하는 곳이다.

K-MEG은 광교테크노밸리에 있는 주요 4개 건물을 Heat Grid로 엮어 열자원을 공유하고, 각 건물의 빌딩 에너지 관리 시스템(Building Energy Management System, BEMS)을 통합하여 모니터링하고 관리하는 체계를 도입하고자 하였다.

광교테크노밸리는 광교에 위치한 IT, NT, BT가 융합된 첨단산업단지로 경기과학기술진흥원, 차세대융합기술원, 한국나노기술원, 경기중소기업종합지원센터, 경기 R&DB 센터 및 200여 개의 기업이 입주해 있다. 아주대학교, 경희대학교, 경기대학교, 서울대학교 연구소가 산학협력을 맺고 있다. 일반 업무시설, 연구시설 및 첨단 산업에 필요한 크고 작은 실험시설을 갖추고 있는 에너지 다소비 시설군이다. MEG를 구성하기에 가장 적합한 조건인 다양한 건물들이 많은 에너지를 사용하고 있는 곳이 바로 광교테크노밸리이다. 광교테크노밸리의 운영을 담당하고 있는 경기도청의 전폭적인 지원에 힘입어 K-MEG 대형 건물군 에너지 효율화 사업은 첫 항해를 시작하게 되었다.

실증 개념

냉난방 에너지의 수요가 높은 도시에서는 냉난방 에너지 효율을 향상시켜 환경 부하를 줄이는 것이 중요한 과제이다. 그런 측면에서 지역냉난방을 도입하는 사례가 있으나 지역냉난방이 의무화된 특정 지역에 한정되어 있다. 특히 기존 건물을 대상으로 마이크로 에너지 그리드(MEG)를 계획하는 경우에는 냉난방 에너지 공급자와 수급자(건물주) 간의 합의가 어려워 확대 적용되기 어려운 실정이다.

그러나 냉난방 열원 시스템의 MEG화는 다수의 시설이나 건물에 효율적으로 냉난방 에너지를 공급할 수 있고 건물간 에너지 공유(Sharing)나 폐열, 신재생 에너지 등 미활용 에너지의 활용률을 높일 수 있다. 또한 에너지 효율 개선, 환경 부하 저감 뿐만 아니라 안전하고 신뢰성 높은 도시의 에너지 기반을 구축하는 데도 기여할 수 있다.

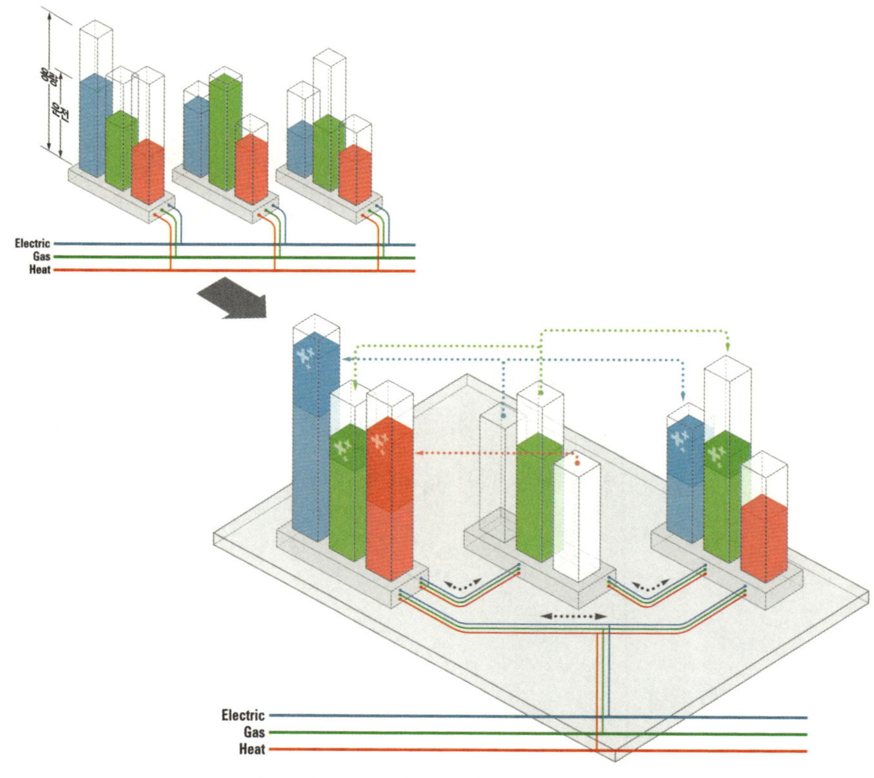

[건물 간 에너지 공유(Sharing)를 통한 설비 최소화 및 운전 효율화]

건물의 설비 운용시 개별 건물은 고정된 용량 범위 내에서 운전을 하는데 부하에 따라 설비를 운전한다. 그림에서 색깔은 에너지원별 수요와 공급을 의미한다. 설비의 총 용량에 비하여 부하가 낮은 경우에도 대안이 없는 경우에는 설비를 가동해야 하는데, 적절한 부하의 규모가 확보되지 못하는 경우 설비의 이용 효율이 저감되므로 비효율적이다. 부하 모듈 간 에너지 그리드를 구성하고 자원을 공유하는 경우 자가 설비의 운전 대신 에너지 그리드를 통하여 공급받을 수 있으므로 다양한 조합의 운전이 가능하며, 효율적 설비의 운용이 가능하다.

K-MEG에서는 MEG를 구축하여 단지를 통합적으로 운영하고, 운영 효율을 개선하고자 하였다. 효율 개선의 잠재력은 상당한 것으로 분석되었다. 실질적인 구성에 있어서는 에너지 그리드의 구축비용과 설비의 공동 운용에 따른 에너지 전송 손실, 운영 비용의 정산 등의 현실적 문제가 있으므로 이를 종합적으로 판단하여야 한다. 이번 실증을 통하여 이에 대한 설계 기준, 경제성 평가 방법, 최적 운용방법, 정산 방법, 정책 개선 사항 등 전반적 이슈에 대한 검토와 방법론 개발을 목표로 하였다.

설계

광교테크노밸리에는 경기중소기업지원센터, 경기R&DB센터, 경기바이오센터, 한국나노기술원, 차세대융합기술연구원 등 5개 기관의 부속 건물들이 독립적인 냉난방 열원 시스템을 가지고 운영되고 있다.

현재 각 건물의 냉난방 열원은 가스를 사용하는 흡수식 냉온수기를 중심으로 구성되어 있다. 설치되어 있는 장비의 용량 대비 실제 운전 중인 장비 대수 및 부하율은 낮다. 또한 준공된 지 10여 년이 지난 건물 B의 냉온수기 한 대가 노후화 및 효율저하로 인해 2013년에 교체되었고, 향후 몇 년간 장비 교체가 계속될 것으로 예상된다.

주목할 사항은 건물 D에는 반도체 제조시설이 제조 과정 중 발생하는 열을 제거하기 위하여 연중 365일 24시간 냉방운전을 하고 있다. 또한 열원설비로는 효율이 좋고 부하 대응성이 우수한 터보 냉동기를 반도체 제도시설 전용으로 설치하여 냉방 운전을 하고 있었다. 12~2월의 한겨울에는 냉동기 운전 없이 냉각탑 운전만으로 냉방을 하는 Free-Cooling 시스템을 적용하여 에너지를 절감하고 있었다.

건물 A와 건물 C는 공공건물 신재생 에너지 의무 설치화에 따라 지열시스템이 적용되어 있으나 지중열 교환기의 효율이 제대로 나오지 않고 있어 운영을 하지 못하고 있었다.

2012년을 기준 4개 건물의 흡수식 냉온수기의 연간 LNG 사용량은 약 1,000kNm³으로 연간 약 8.7억 원의 비용이 발생하고 있다. 흡수식 냉온수기가 담당하는 일반 업무계통의 냉난방 부하 피크치는 동절기 약 620만 kcal/h, 하절기 560만 kcal/h로 난방 부하가 냉방 부하보다 높았다.

본 프로젝트에서는 실증 대상 건물에서 발생하는 폐열과 신재생 에너지원을 이용하여 전체 냉난방 부하를 최대한 감당할 수 있도록 'MEG Plant-단지형 냉난방열원 통합생산 Plant'를 구성하였다. 적용된 MEG Plant의 근간은 심야전력을 활용하는 수축열 시스템이다. 건물 D의 반도체 제조 시설에서 발생하는 폐열을 이용하여 히트펌프(500USRt)를 신설하였다. 또한 건물 C의 지열 시스템을 개수 및 증설(200USRt)하였다. 심야전력을 이용하여 두 건물의 히트펌프에서 발생된 냉온수를 3,000t 규모의 축열조에 저장하여 주간에 냉난방부하를 감당하도록 계획하였다. 건물 D의 폐열 활용 히트펌프는 동절기에는 반도체 제조 시설의 폐열을 이용하여 난방을 하지만, 냉방기에는 기존의 흡수식 냉온수기용 냉각탑을 활용하여 응축열을 제거할 수 있도록 하였다.

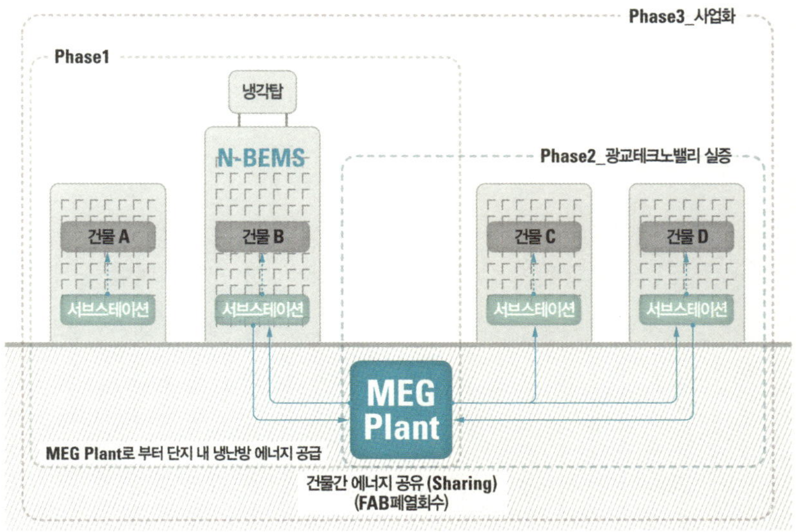

[K-MEG 광교 실증 개념]

당초에는 건물 C의 지열 시스템 대신에 수돗물을 열원으로 하는 상수열원 히트펌프를 적용하려고 계획하였다. 하지만 광교 신도시 입주가 완료되지 않아 광교테크노밸리 부지 인근을 지나가는 상수관로의 수량이 적고 요일이나 시간대별 사용량의 편차가 커서 히트펌프의 고효율 운전을 위한 열원으로 활용하기 어려웠다. 또한 상수 열교환으로 인해 하절기에는 수온이 상승하고, 동절기에는 수온이 낮아짐에 따라 민원이 발생할 가능성도 있고, 열교환 시스템 유지관리가 불량해질 경우 수질 오염 가능성이 있다는 우려가 제기되었다. 이런 이유로 상수열원 시스템의 적용이 어려워져 대체 열원으로 건물 C의 지열 시스템을 개수하여 활용하기로 하였다.

제안된 심야전력 수축열 시스템으로 4개 건물의 냉난방 부하가 일부 부족한 피크시즌(2월과 8월)에는 기존 건물 D에 설치된 흡수식 냉온수기를 추가 가동하여 전체 냉난방 부하를 감당할 수 있게 하였다. 반대로 중간기에는 건물의 냉난방부하가 낮아짐에 따라 가용할 수 있는 냉난방 용량에 여유가 있을 경우, 반도체 제조 시설 계통의 외기조화기에 냉수나 온수를 공급하여 기존의 보일러와 터보 냉동기가 감당하던 냉난방부하를 일부 감당할 수 있도록 하였다. 이를 통해서 열원의 효용성을 최대한 확보하도록 하였다.

열공급 배관망은 열원이 설치되는 건물 D와 건물 C에 최대한 근접 설치하여 열배관 길이를 줄임으로써 배관 열손실을 최소화할 수 있도록 계획하였다. 당초에는 유휴 부지를 고려하여 건물 D 서측의 공지에 수축열조를 설치하도록 계획하였으나, 광교테크노밸리 부지 및 건물 운영을 담당하는 경기도청 과학기술과와 에너지산업과의 협조로 건물 D와 건물 C사이에 수축열조를 설치하는 것으로 변경하여 열손실을 최소화할 수 있었다.

사업화 개념

광교테크노밸리 사업화에는 ESCO(Energy Service Company: 에너지 절약 전문기업) 사업 개념을 도입하였다. 광교테크노밸리에 적용될 MEG 구축으로 절감할 수 있는 LNG량은 기존 냉온수기 사용 가스량 8.7kNm³와 건물 D의 반도체 제조 시설 외조기 가열을 위해 증기 보일러가 소비하던 가스량을 포함하여 연간 약 10.9kNm³ 이다. 대신 심야 전력 소비량이 연간 4,500MWh 증가될 것으로 예상된다. 비용의 측면에서는 LNG비용 9.44억 원의 절감, 전력비용 3.18억 원의 증가로 연간 합계 6.25억 원의 에너지 비용이 절감될 것이다.

시스템 운영을 위한 안전관리자 선임 및 유지보수비용을 고려해도 연간 약 5.5억 원 정도의 비용 절감이 가능하다.

구분	LNG	전력	운영비용	합계
에너지 절감량 (TOE/년)	1,132 (1,085kNm³)	−1,037 (−4,511MWh)	–	95
에너지 절감 금액 (백 만원/년)	944	−319	71	554
tCO₂ 절감량 (tCO₂/년)	2,388	−2,122	–	266

4개 건물 전체에 사업 전후의 에너지 비용과 일부 노후 장비의 교체 비용을 고려할 경우, 향후 15년(2014~2028년)간 예상 절감비용은 약 60억 원에 달할 것으로 예측된다.

본 사업에 투자되는 사업비는 약 50억 원 규모이다. 열배관 그리드 설계/구축, 자동제어 공사비 등에 소요되는 비용 20억 원은 K-MEG 과제비에서 충당하였다. 히트펌프, 펌프, 열교환기 등 장비류와 기계실 배관공사 등에 소요되는 비용 30억 원은 ESCO 사업비에서 조달하여 6년간 상환하는 방식으로 추진된다.

 ESCO를 통한 에너지 절약형 시설투자의 장점은 여러 가지가 있다.

첫째, 에너지 절약시설 설치에 따른 초기 투자비 부담 없이 에너지 비용을 절감할 수 있다.
둘째, 에너지 절약시설 투자에 따른 경제적 · 기술적인 위험부담을 해소할 수 있다.
셋째, ESCO 사업자로부터 절약시설에 대한 전문적 서비스를 제공받을 수 있다.
마지막으로 에너지 사용자는 에너지 절약시설 설치에 따른 세제지원 혜택을 받을 수 있다.

이번 사업에서는 FAB 폐열 활용이나 에너지 절감효과가 가장 큰 건물 D를 대표 사용자로 하여 ESCO 사업자인 나라컨트롤과 사업자파이낸

03 : ESCO 투자 사업이란?

전무관 대리

ESCO 투자 사업에 대해 알아 볼까요? ESCO는 에너지 사용자가 기술적 또는 경제적 부담 없이 에너지 절약형 시설로 바꿀 수 있는 사업입니다.

에너지 사용자가 기존의 노후되거나 저효율로 운전 중인 에너지 사용시설을 고효율 에너지 사용시설로 교체 또는 보완할 때 필요합니다. 새로운 사용시설을 만들려고 해도 기술적 · 경제적인 부담 때문에 사업을 시행하기 어렵죠. 이때 ESCO가 에너지 절약시설의 설치에 따른 투자비용을 조달합니다. 만약 사용자 파이낸싱 성과보증 계약의 경우에는 에너지 사용자가 자금을 조달하고요. 또한 사업 수행 및 에너지 절감 효과를 보증하고 절감량(절감액)을 배분합니다. 에너지 사용자는 추후에 발생하는 절감액으로 투자자금을 상환하죠.

ESCO 투자 방식에는 '사용자파이낸싱 성과보증방식'과 '사업자파이낸싱 성과보증방식'이 있어요. 사용자파이낸싱 성과보증방식은 시설투자에 소요되는 자금을 에너지 사용자(고객)가 조달(자체자금, 정책자금 등)합니다. ESCO 사업자는 에너지 사용자에게 시설투자에 의한 절감액을 보증하고 투자시설에 대하여 사후관리를 실시합니다. 사업계획 수립 시 ESCO 사업자와 에너지 사용자가 상호 협의하여 목표절감량 및 보증절감량(목표절감량의 80% 초과해야 함)을 설정하고, 사업완료 후 측정결과에 따라 차액 보전 또는 초과절감분에 대한 성과배분 등의 계약을 이행하게 되는 것이죠.

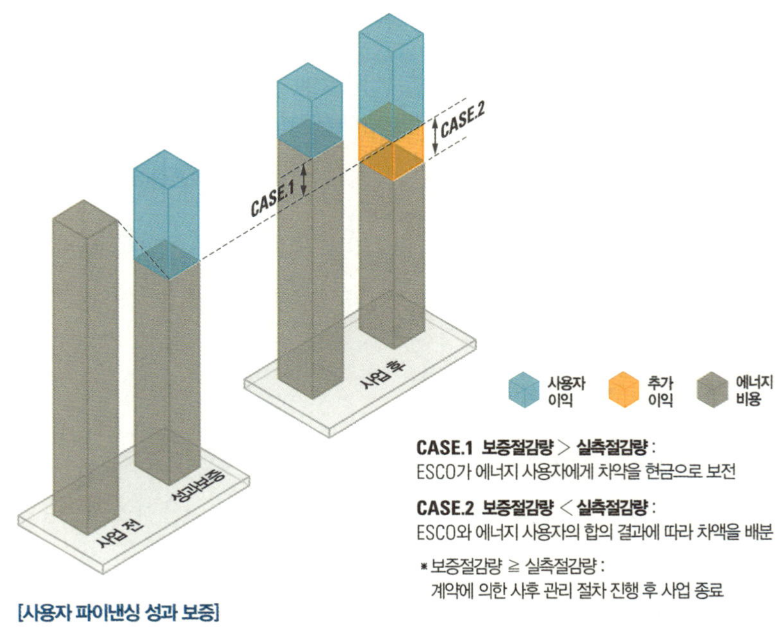

CASE.1 보증절감량 > 실측절감량 :
ESCO가 에너지 사용자에게 차액을 현금으로 보전

CASE.2 보증절감량 < 실측절감량 :
ESCO와 에너지 사용자의 합의 결과에 따라 차액을 배분

＊보증절감량 ≧ 실측절감량 :
계약에 의한 사후 관리 절차 진행 후 사업 종료

[사용자 파이낸싱 성과 보증]

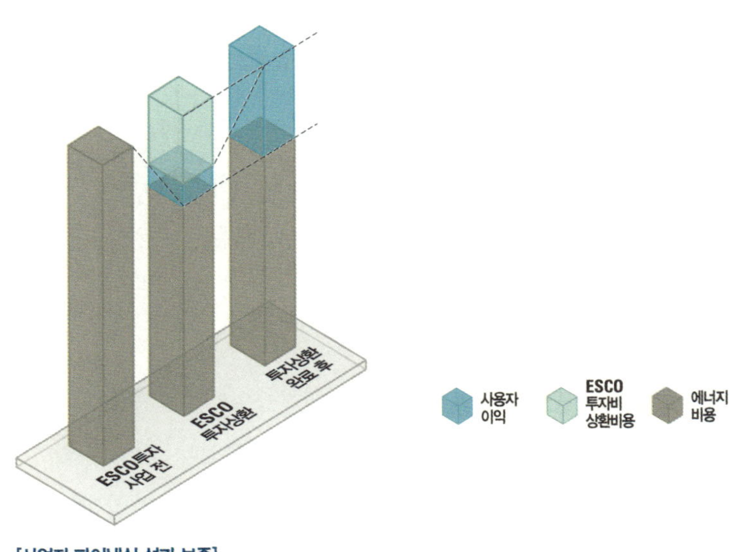

[사업자 파이낸싱 성과 보증]

싱 성과보증 계약을 체결했다. 건물 D와 나머지 3개 건물 간에는 열수급계약을 체결하였으며, 이와 병행하여 K-MEG과 건물 D 사업자는 실증협약을 체결하였다.

사업구도에 따라 열사용 요금정산은 건물 D가 나머지 3개 건물로부터 절감액(연간 절감액 월할 정액상환)을 모아서 에너지 사용비용을 제하고 ESCO 사업자에게 상환하면 ESCO 사업자가 해당 비용을 금융기관에 상환하는 방식으로 운영된다.

이때 보증절감량에 대한 성과보증은 다음과 같이 진행된다.
ESCO 사업자의 진단팀이 연 1회 진단결과를 측정하여 사용자에게 보고한다. 이때 성과보증 시험 시 시험조건(건물 냉난방부하 등)이 연평균 데이터에 현격히 미달하거나 상회 시 상호 협의, 보정하여 연간 절감금액을 산출한다.

만일 에너지 절감량이 보증절감액 대비 미달될 경우에는 ESCO 사업자가 1차적으로 설비의 효율 향상을 위하여 해당 설비를 정비하여 성능에 도달하도록 한다. 그럼에도 불구하고 측정절감액이 보증절감액에 3개월 이상 미달되는 경우에는 보증절감액과 측정절감액의 차액만큼 에너지 사용자에게 지급한다. 이러한 방식을 통하여 건물주는 비용의 리스크 없이 ESCO 사업을 추진할 수 있게 된다.

해외의 경우에는 대부분의 ESCO 사업이 성과보증방식으로 추진되고 있다. 국내에도 2013년부터 성과보증방식이 의무화되었다. 이에 따라 에너지 절감량을 예측하고 검증하기 위한 기술이 ESCO 사업자의 핵심 역량으로 더욱 요구되고 있다.

향후 과제

광교테크노밸리 실증은 K-MEG 과제 차원의 사업을 벗어나 본격적인 MEG 사업화 궤도에 접어들었다. 아쉬운 점이라면, 과제 종료 시점까지 4개 건물을 엮어 에너지를 효율화하는 MEG 모델의 운영결과를 도출하는 데 시간이 부족하다는 점이다. 현재 광교테크노밸리는 건물 A와 B를 연계하고 자동화된 에너지 관리 시스템을 적용하여 운영하고 있으며, 건물 D를 대표 사업자로 하는 ESCO 사업은 시공 중에 있다.

전체 MEG가 완공되고 연중 데이터 취득을 통해 사업의 성패를 검증하고, 이 데이터를 바탕으로 유사 MEG 사업에 활용할 수 있도록 관련 기관의 지속적인 협조가 필요하다.

건물이 스스로 에너지를 절감하다
N-BEMS

광교테크노밸리는 첨단 자동화 시스템을 갖춘 대형 건물들이 모여있다는 특징이 있었죠. 이런 대형 건물의 에너지 관리를 위해 K-MEG은 N-BEMS라는 건물 에너지 관리 시스템을 개발하였습니다. 건물 에너지 관리 시스템은 각 건물별로 에너지 소비를 최적화할 수 있도록 도와주고 관리해 주는 기능을 갖고 있지요. 건물 연계를 통한 에너지 효율화 뿐만 아니라, 건물 자체의 에너지부터 효율화하여, 낭비되는 요소가 최소가 되도록 만들고자 했습니다.

현재 건물 에너지 관리 시스템, 즉 BEMS라는 이름으로 개발된 다양한 시스템들이 있지만, 이번에 새로 개발한 N-BEMS는 다른 BEMS와는 다른 차별화된 특징이 있습니다.
첫째, 건물 시스템 운영에 대해 스스로 판단할 수 있는 시뮬레이터 및 알고리즘을 통해 건물이 필요로 하는 에너지 양에 따라 예측제어와 실시간제어가 적용된 최적 운전을 할 수 있다는 점이고요, 둘째, 관리자의 편의를 돕기 위한 다양한 설비 성능 데이터를 제공하고 고장관리를 돕습니다. 마지막으로 기존 BAS와 다양한 개별 시스템 및 기기들을 웹기반으로 통합하여 모든 정보를 실시간으로 관리, 제어할 수 있도록 하였습니다.

광교테크노밸리 실증에서는 건물 B동에 우선적으로 N-BEMS를 적용하였습니다. 에너지 절감 성과에 따라 다른 건물들에도 확장 적용하기로 계획하였습니다. 지난 2013년 6월말 실증 시공을 마무리하고 테스트 운전 기간을 거쳐 현재는 안정적으로 운전중입니다.
N-BEMS는 건물 내의 에너지 소비 패턴의 시간별, 에너지원별, 사용용도별 분석이 가능하고, 실시간 감시 및 제어가 가능합니다. 이를 통해 외부 환경 변화에 실시간으로 대응하는 통합적인 에너지 절감이 구현될 수 있었습니다.

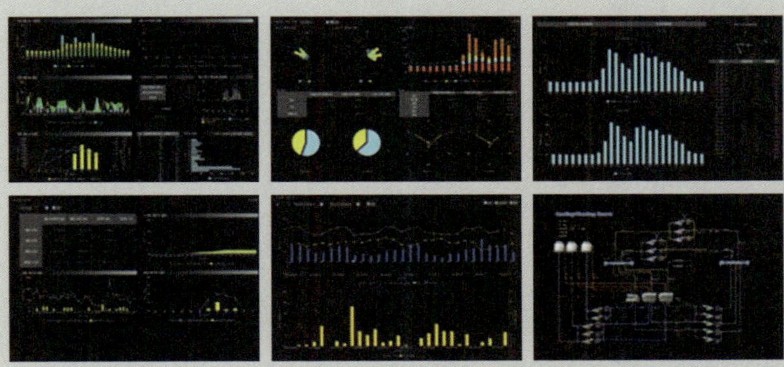

[N-BEMS 관제 화면]

[광교테크노밸리 N-BEMS 운영 센터]

지난 8개월의 운영 결과를 분석해 보면 전력 및 가스 사용량을 종합하여 13.7%의 에너지 절감 효과를 기록하고 있습니다. 기존에 개별 설비별로 관리되던 것들을 N-BEMS에서 통합 관리한 결과라 할 수 있겠지요. 실증 기간 동안 개별적인 기술 적용 기간이 서로 달랐는데, 이런 기술을 모두 한번에 적용한다고 가정하면 연간 22%의 에너지 절감도 가능할 것으로 예측되고 있습니다.

K-MEG이 개발한 N-BEMS는 지금까지 해외 기업이 개발한 BEMS에 의존하고 있는 국내 건물 에너지 관리 분야의 청신호라 조심스럽게 자부해 봅니다. 건물 스스로 에너지 사용량을 최소화 하고, 그래도 발생하는 폐열은 서로 나누어 쓰는 똑똑한 마이크로 에너지 그리드 세상이 곧 다가올 것 같습니다.

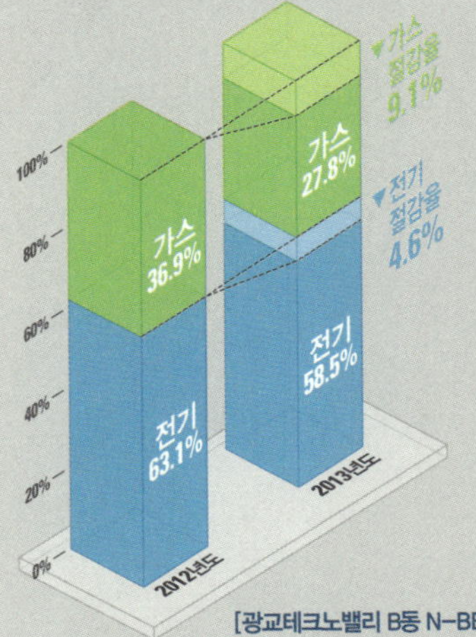

[광교테크노밸리 B동 N-BEMS 적용 에너지 사용량 절감율]

03

개별냉난방 건물군 에너지 효율화: **구로디지털단지**

시스템과 사용자가 스스로 에너지를 절감하다

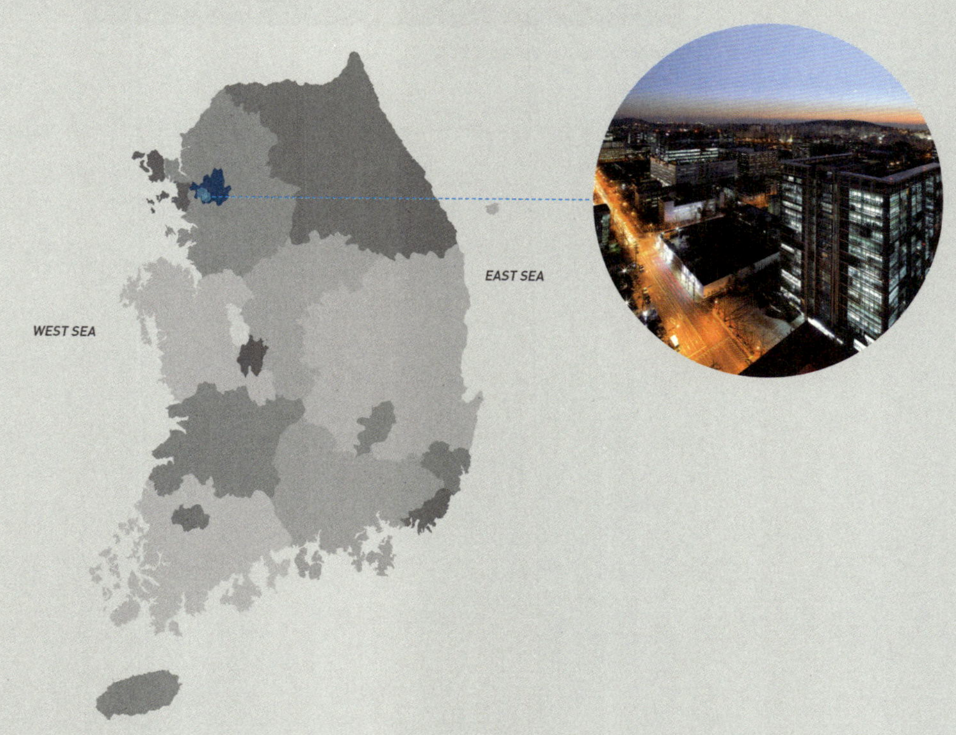

배경

국가 에너지 소비의 가장 큰 비율을 차지하는 산업 부문의 열효율화는 시화산업단지에서, 그 다음으로 상업 공공부문 중 대형 빌딩군의 열효율화는 광교테크노밸리에서 솔루션을 제안하였다. 그렇다면, 우리주변에서 흔히 볼 수 있는 개별 냉난방 건물의 에너지 효율화 방안은 무엇일까. 구로디지털단지 실증에 그 해답이 있다.

2010년도 에너지원 부문별 소비구조를 보면 상업 공공부분의 전력 사용 비율이 약 33%를 차지한다. 상업 공공부분 주요 냉난방 설비 분포 중에서 EHP(Electric Heat Pump), GHP(Gas Engine Heat Pump), 에어컨 등의 개별 냉난방 시스템이 설치되어 있는 건물 비율이 전체의 94% 이상을 차지한다(「에너지총조사 보고서」, 2011, 에너지관리공단, 표 4-1). 대표적인 건물 유형이 중소형 임대용 건축물, 지식산업센터, 상가 등이 있다.

구로디지털단지(G-Valley)는 지식산업센터가 밀집되어 있고, 과거 70년대 구로공단이 첨단화 공장으로 변모하면서 조성된 곳이다. 현재는 IT 업종의 사무실들이 많이 입주하여 미국 실리콘밸리의 이름을 본 떠 G-Valley라 불리고 있다.

전체 상업 건물 중에서 90% 이상을 차지하는 개별 냉난방 시스템이 구축된 건물군의 에너지 효율이 30% 향상되었다고 가정해 보자. 그 절감 효과의 영향력은 막대할 것이다.

K-MEG은 한국산업단지공단과 MOU를 맺고 지식산업센터가 밀집해 있는 구로디지털단지의 에너지 효율화 사업을 실시하기로 하였다. 1단계로 구로디지털1단지 사업 설명회를 개최하고 K-MEG 실증을 착수

하였다. 사업성이 검토된 아이템을 선정하여 2단지 3단지로 확대 적용
할 예정이다.

실증 개념

구로디지털단지 실증은 개별 냉난방을 하는 소규모 사무실 및 상점의
에너지 효율화 모델이다. 다수의 소규모 사무실이 밀집된 건물군을 연
결하여 모니터링 및 분석하고 전력시장과 연계하는 K-MEG 플랫폼
을 구현하고자 하였다. K-MEG 플랫폼은 지능형 수요반응과 시장 변
동형 요금제 같은 MEG 전략과 기술을 검증하고, 검증 결과를 바탕으
로 개별 솔루션 레벨부터 통합 운영의 범위까지 고려한 비즈니스 모델
이 될 것이다.

구로디지털단지 K-MEG 실증은 에너지 소비 효율화를 통해 사용량을
낮추는 통합 관리와 분산 전원을 활용한 피크 부하 관리의 두 가지 축
으로 진행되었다.

에너지 소비 효율화는 시스템으로 관리하여 절감하는 방법과 사용자가
스스로 절감하는 방법으로 나뉜다. 먼저 시스템으로 관리하는 방법은
소규모 사무실/상점 등이 밀집되어 있는 건물의 개별 세대에 설치된 개
별 냉난방 시스템과 조명의 에너지를 관리하는 것이다. 사용자가 스스
로 에너지를 절감하는 'User Feedback' 서비스는 월별, 연간 에너지
사용량 및 요금 정보를 제공하고 동일 건물 입주세대별 에너지 랭킹 정
보와 에너지 절감 전략 등을 제안하여 자발적 절감을 유도하는 것이다.

건물에 의무적으로 설치되어 있는 비상발전기를 분산전원으로 활용하
는 시스템을 계획하였다. 건물의 비상발전기를 한국전력과 병렬로 운

전하여 피크 부하를 관리하는 시스템이다. 구로디지털1단지 건물의 경우 계약용량 약 10%인 300~500kW 용량의 비상발전기가 구축되어 있다. 300kW를 생산한다고 가정하고 경제성을 검토하면 겨울철 발생하는 건물 피크 부하를 비상발전기로 관리할 수 있다. 한 건물의 연간 전기요금 절감 효과가 약 2,450만 원 가량이고 이는 연간 전기요금의 약 2.9%에 해당된다. 또한 지능형 수요자원으로 활용이 가능하며 전력거래소(KPX)의 자동수요반응자원으로 참여하여 최대 60시간 동안 부하를 감축하면 연간 2,600만 원의 인센티브가 확보될 수 있다. 비상발전기를 활용한 에너지 생산의 경우 생산 규모 설정 및 예측이 가능하여 수요자원으로서 신뢰성이 높다.

설계

지식산업센터는 입주 세대와 공용부로 구성되며, 주요 에너지원은 전기이다. 구로디지털단지 실증은 전기만을 에너지원으로 사용하는 건물의 에너지 관리 방향성을 제시하고자 하였다. 공용부는 관리사무소에서 운영하고 입주 세대는 세대별로 운영되고 있다. 관리 주체에 따라 공용부 에너지 절감 솔루션과 세대별 솔루션을 분리하여 개발하였다.

공용부는 전체 에너지 사용량의 약 20%를 차지하여 대부분이 동력부하이기 때문에 에너지 절감효과를 기대하기 어렵다.

공용부 솔루션은 엘리베이터, 환기팬, 펌프 등의 동력 부하와 주차장 조명 등의 사용량을 모니터링하며 비상발전기의 운전을 담당하는 기능을 탑재하고 있다. 또한 대규모 수요관리 시장 참여 시, 세대에 설치된 Cell-BEMS를 제어할 수 있는 기능도 갖추고 있다.

입주사는 건물 전체 에너지 사용량의 80% 이상을 사용하고 있었다. 입주공간에는 실별 에너지 관리 시스템, 'Cell-BEMS'를 개발 적용하였으며, 세대별 기존 적산식 아날로그 계량기는 양방향 통신이 가능한 스마트 계량기로 교체하여 향후 전력시장에 대응할 수 있는 인프라를 구축하였다.

사용자 피드백 서비스는 입주자와 건물 관리자 모두를 대상으로 각각의 용도에 맞는 기능을 제공하고 있다. 건물 관리자용 서비스는 건물의 피크 부하 정보와 변압기별 부하 정보가 제공되어 실시간 관리가 가능하다. 스마트 계량기의 전력사용량 계측 정보를 사용자에게 의미있는 정보로 전환하여 제공하며, 타 세대와의 비교를 통해 자발적인 에너지 절감을 유도하는 도구로 사용하고 있다.

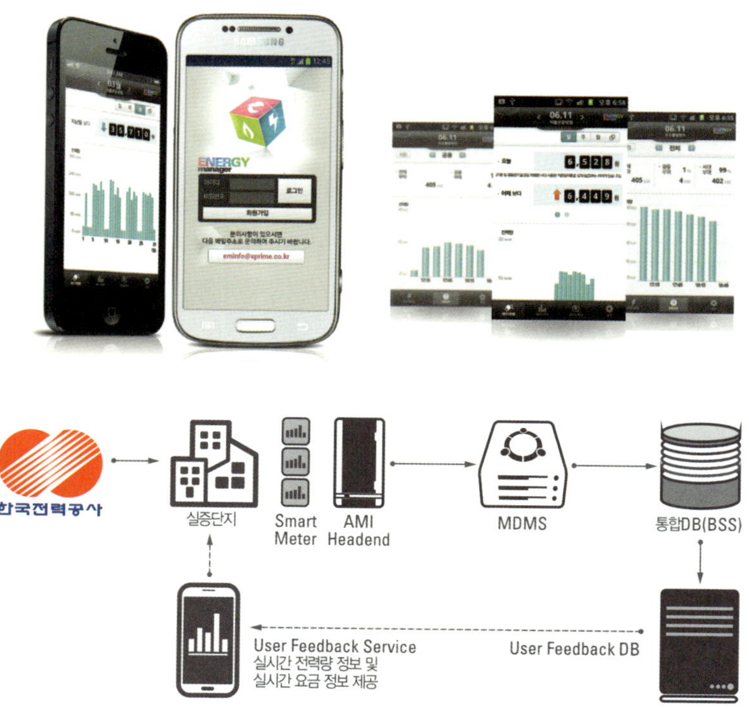

[K-MEG 구로 실증 사용자 피드백 서비스 구성]

사업화 개념

구로디지털단지도 실증 초기에는 SPC를 설립하고 ESCO 자금을 활용하는 에너지 사업을 계획하였다. 입주사들의 개별 전력 사용량 감소로 인한 전기요금 절약금액, 적정 규모의 신재생 발전 설비 운영을 통한 전력 판매 수입, 대단위 전력 수요 피크 절감에 대한 인센티브가 주요 수입원이었다. 자체 분석 결과, 10년간 운영하고, 에너지 절감 목표 20%를 달성할 경우 8.82%의 수익이 예상되었다.

사업성 예측 결과는 그리 나쁘지 않았지만, 8.82%의 수익으로는 지식산업센터의 입주 기업들을 설득하기에는 충분치 않았다. 구로디지털단지의 실증 대상 건물은 대부분 120~150여 개의 개별 사업체가 입주해 있다. 건물 한 동의 수익을 150개의 개별 사업체가 나누게 된다는 뜻이다. 구로디지털1단지 내 건물별 최근 3년간 연간 평균 전력사용량은 6.35GWh이며, 건물별 연간전기요금은 약 10억 원이다. 1개 건물의 시간당 전력 사용량은 약 750kWh이다. 건물 한 동의 일년 평균 전기요금 10억 원 중 에너지 절감 20%로 얻게 되는 2억 원을 150개의 입주사와 관리사, 투자사가 각각 배당받게 된다면 입주사 개별 수익은 절감 노력에 비해 매우 미미한 금액으로 느껴질 수 있다.

개별 수익이 크지 않은 사업에서는 규모의 경제 원리로 사업을 진행해야 하는데, 소유권이 개별 입주사에 있는 상황에서 단지 전체의 에너지 사업을 대표할 SPC 설립은 현재로서는 쉽지 않다는 결론에 이르렀다.

그렇다면 구로디지털단지와 같이 세대별 소유자가 다른 형태의 건물 에너지 효율화는 어떻게 진행할 수 있을까? 각 세대별 전기 사용량과 이에 따른 요금 절감은 적을지라도, 이를 전부 합쳤을 경우 단지 전체로서는 여전히 의미가 있다. 따라서, 신규 단지의 경우 단지 조성 자체를 에

너지 효율적인 방식으로 설계하고, 기축 단지의 경우는 MEG과 같은 에
너지 효율화 사업이 대규모로 진행될 수 있도록 제도적으로 지원하는
것이 효율적이다.

현재 모습

구로디지털1단지내 33개 건물 중 17개 건물이 K-MEG 실증에 참여하
였다. 구로디지털단지에 구축한 스마트 계량기의 규모는 약 2,500여대
로 국내외 최대규모의 수요관리 대상지로서의 잠재력을 갖게 되었다.

 세대 단위 에너지 절감 시스템인 Cell-BEMS는 총 105세대(약 80% 이
상)에 구축되었고 현재 96세대가 운영 중이다. Cell-BEMS는 온도 설
정, 가동, 중지하는 시스템 에어컨(EHP) 제어기와 조명의 점소등을 제
어하는 스위치로 구성되어 있다. 사무실 운영 스케줄에 따라 상시 절감
솔루션으로 활용이 가능하다. 또한 건물 단위로 세대에 구축된 Cell-
BEMS를 그룹으로 제어할 때 건물 단위의 부하 관리가 가능하다.
그룹 관리기능을 활용하여 건물 피크 부하를 관리할 수 있다. 가까운 미

04 : 구로디지털단지는 에너지 절감 중　　고민만 과장

구로디지털단지는 K-MEG 실증 중에서도 가장 빠르게 실증 협약을 맺어 진행한 사이트입니다. 스마트 계량기 2,500대를 교체하고 User Feedback Service를 시행한지 이제 1년정도가 지나가고 있어요. 세대별로 설치한 Cell-BEMS도 본격적인 가동을 시작하였고, 계시별 요금제를 실시하여 입주자에게는 요금 변동에 따른 자발적 운영계획과 인센티브를, 정부에는 전력 피크 저감이라는 두 마리 토끼를 잡고자 노력하고 있어요. 지난 1년간의 에너지 데이터는 전문가들이 분석하고 있는데요, 날씨에 따라 에너지 사용량이 달라지는 점을 고려하더라도 K-MEG 실증 전보다 에너지 사용량이 많이 줄어들고 있는 추세입니다. 구로디지털단지가 사업화에 성공하지는 못하였지만, 앞으로의 많은 가능성을 보여주고 있는 것 같아 뿌듯하네요. 고생한 보람이 있어요. 보다 상세한 분석 결과는 향후 보고서로 제출하겠습니다.

래에 수요관리 시장이 형성되면, 관리사무소(또는 수요관리 사업자)가 직접 제어를 통해 지능형 수요자원으로 활용이 가능하다.

세대 단위의 에너지 절감 솔루션인 Cell-BEMS는 시설 관리 규모가 큰 캠퍼스 건물군의 개별 및 군관리에 적합한 솔루션이며, 초기 투자비의 가격 경쟁력이 필요하다.

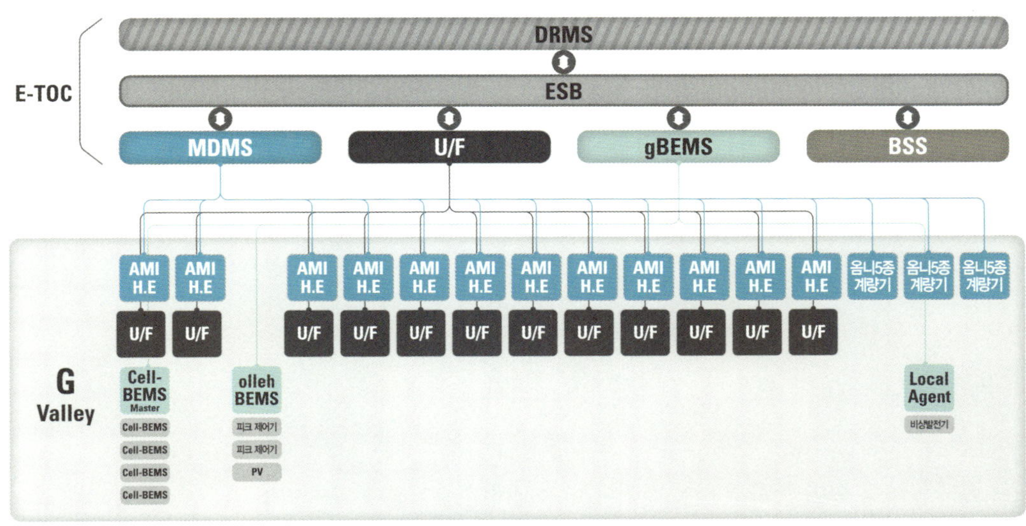

[K-MEG 구로 실증 개념]

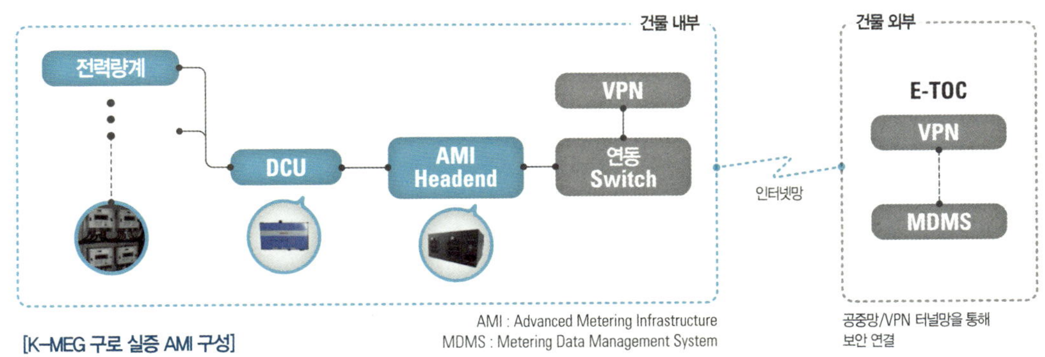

[K-MEG 구로 실증 AMI 구성]

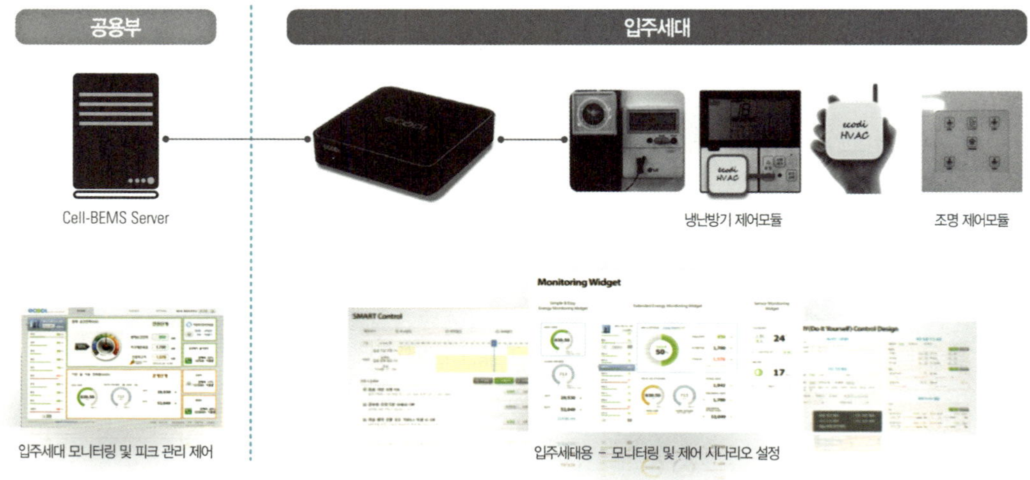

[K-MEG 구로 실증 Cell-BEMS 구성]

일정 규모 이상 건물인 경우, 설치가 의무화된 비상발전기를 활용하여 분산 전원으로 활용할 수 있다. 한국전력의 전기와 동시에 운영하는 시스템은 좋은 적용성을 가지고 있으나 비상발전기용 원료(경유 또는 가스) 요금 단가가 높아 상시 운전을 하기에는 경제성이 떨어진다. 또한 한국전력에서 요구하는 분산전원 관련 법규를 준수하기 위해 변압기, 역전력 계전기, 자동개폐장치 등의 추가적 설치가 필요하다. 이들은 계통을 보호하는 시스템이며 전기 공급 지역의 상황에 따라 설치 범위가 결정된 제도적 개선을 통하여 모든 건물에 비상발전기를 설치하는 것이 아니라 인근 건물에 설치된 대용량(기준 이상)의 비상발전기를 활용할 수 있다면, 설치비용이 절감되어 시장성을 확대할 수 있다. 또한 인근 건물의 비상발전기를 통합 운영하여 분산화된 대용량의 전기 공급원을 활용할 경우, 수요 자원으로 참여할 수 있어 경제성이 향상될 수 있다.

향후 과제

구로디지털단지 실증은 MEG 개념을 적용한 초기 설계와는 조금 다른 형태로 진행될 수밖에 없었다. 초기에는 소형(가스) 열병합발전기와 ESS를 통합 설치하여 건물 간 전기 및 열을 공급하여 피크를 줄이고(peak cut) 피크 부하를 타시간대로 이동(peak shift)시키고자 하였다. 하지만 법적으로 전력 거래가 불가능하여 추진할 수 없었다. MEG 개념에서는 전기 거래를 해야 하지만, 실증에 참여한 17개 건물 간 전기 거래는 현실적으로 적용하기 어려웠다.

그러나 K-MEG 과제를 통해 가까운 장래에 실현 가능한 새로운 형태의 에너지 활용 모델에 근접해 볼 수 있었다. 이로써 당면 과제와 해결 방안을 현실적으로 발견할 수 있는 계기가 되었다. 제2차 국가 에너지 기본계획의 주요 현안이 분산화와 수요관리인 만큼 MEG 확산을 지원할 제도적인 장치들도 조만간 생겨날 것으로 전망한다.

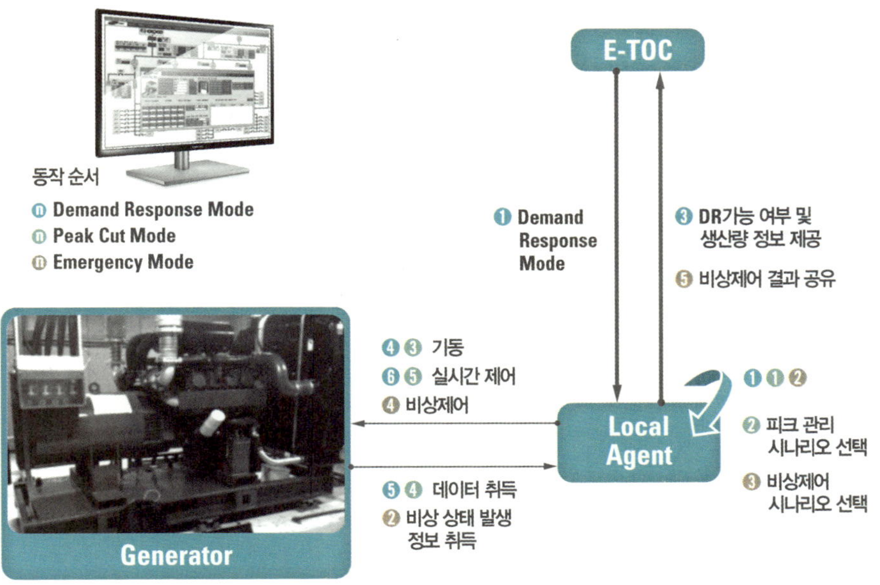

[K-MEG 구로 실증 비상발전기 구성]

고민만 과장

이번에는 구로디지털단지를 MEB로 어떻게 적용했는지 살펴 볼까요.

구로 실증 단지는 17개의 건물이 모여 하나의 대형 MEB를 구성하는 구조입니다. 구로단지 블록에 소속된 각각의 건물은 각기 하나씩의 하부 MEB를 구성합니다. 그러니까 구로단지 MEB는 17개의 하부 MEB로 구성된다는 말이죠.

17개의 건물은 구로 MEB를 운영하는 group BEMS에 의하여 관리되며 상위의 TOC와 연계되어 운영하게 됩니다. 구로단지 내의 17개 건물 중 건물 E, 건물 F, 건물 G는 다른 14개의 건물보다는 자동화된 시스템을 보유하고 있으며 MEB의 관점에서 하부 확장성을 가지게 되죠. 기타 14개의 건물은 각기 하나의 MEB로 구성되지만 내부의 구성과 운영은 기존의 운영방법을 따르므로 MEB 관점에서는 더 이상의 확장성을 가지지 않습니다. 구로 단지의 기본 구성은 아래 그림과 같습니다.

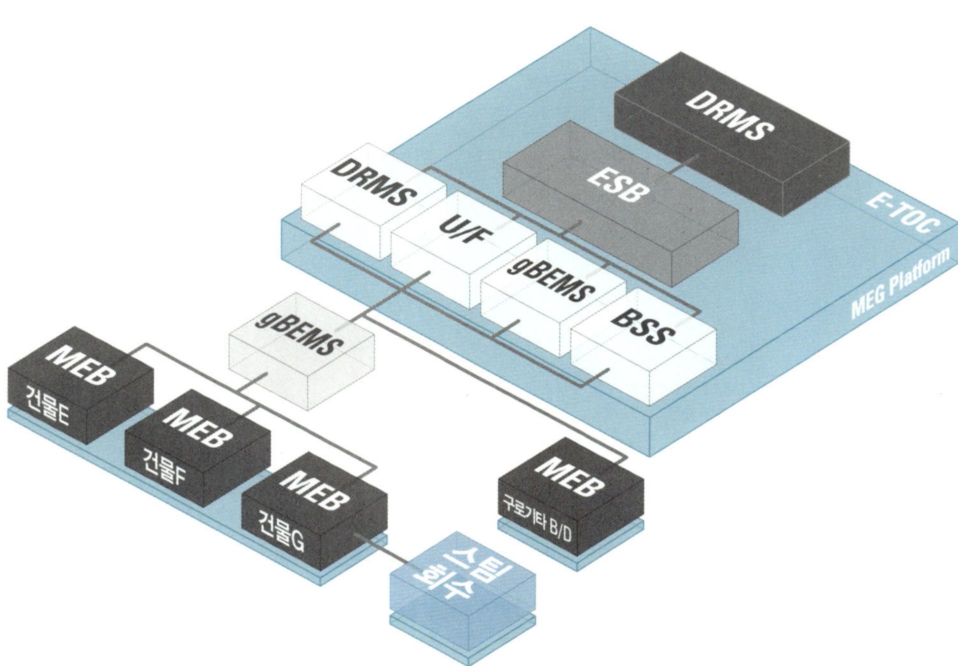

[K-MEG 구로 실증 MEB 개념]

건물 F의 경우를 볼까요. 건물 E의 내부 구성은 상가 혹은 사무실/공장으로 사용하는 개별 사용공간과 복도, 주차장 등의 공용공간으로 분리됩니다. 개별 사용공간은 Cell-BEMS로 지칭되는 컴팩트 BEMS가 적용되어 개별 사용공간 내의 에너지 사용을 모니터링하고 제어하는 역할을 합니다.

각각의 Cell-BEMS는 하나의 Cell-BEMS 통합 운영 시스템을 통하여 관리되구요. 공용부의 경우도 마찬가지로 공용부 통합 운영시스템을 통하여 관리됩니다. 이러한 구조에서 건물E MEB는 하부에 Cell-BEMS 통합 MEB와 공용부 통합 MEB를 보유하게 되고, Cell-BEMS 통합 MEB의 경우 하부에 다시 Cell-BEMS로 구현되는 복수의 사무실 단위의 MEB를 보유하게 되는 거죠. 이러한 구성은 다음 그림과 같습니다.

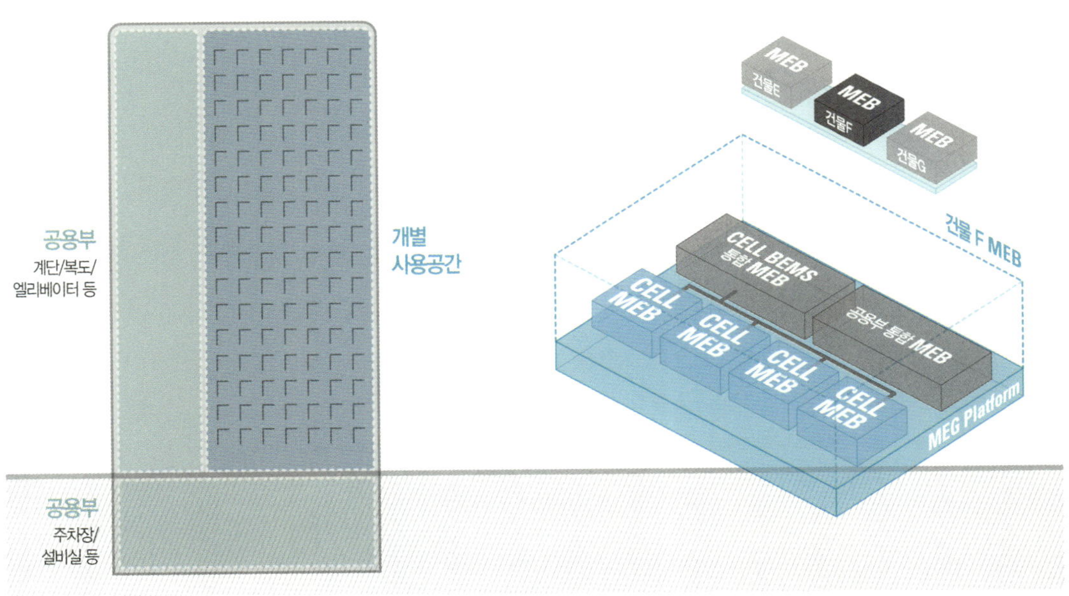

[K-MEG 구로 실증 MEB 확장]

아무리 좋은 시스템이라도
사용자의 활용이 중요

이번 개발을 기획하고 담당하면서 많은 현실적 어려움이 따랐습니다.

실증하는 세대별 소유자가 다르고, 소유자와 실사용자가 다른 점은 행정적으로 저를 힘들게 했지요. 입주자가 자주 바뀌잖아요. 이전 입주자가 과제에 동의를 했더라고, 새로운 입주자에게는 처음부터 다시 설명하고 동의를 구해야 합니다. 인테리어 공사를 새로 하게 되면 저희가 설치해 놓은 시스템들이 반영이 안 된 채 마무리되는 일도 있었구요. 동의를 받지 못할 때는, 이런 좋은 시스템을 왜 설치하려 하지 않으실까라는 생각도 들었어요.

에너지 절감과 효율의 문제는 결국 사용자의 필요성과 자발적 참여가 가장 중요하지 않은가 하는 생각이 듭니다. 시스템의 기능이 좋아야 한다는 것은 두말할 필요도 없구요. 아무리 좋은 시스템이라도 사용자의 활용이 중요하다는 것을 깨달았다고나 할까요.

04

도시 통합 에너지 관리: **세종시 첫마을**

최적의
에너지 운영 관리 시스템에
연결되다

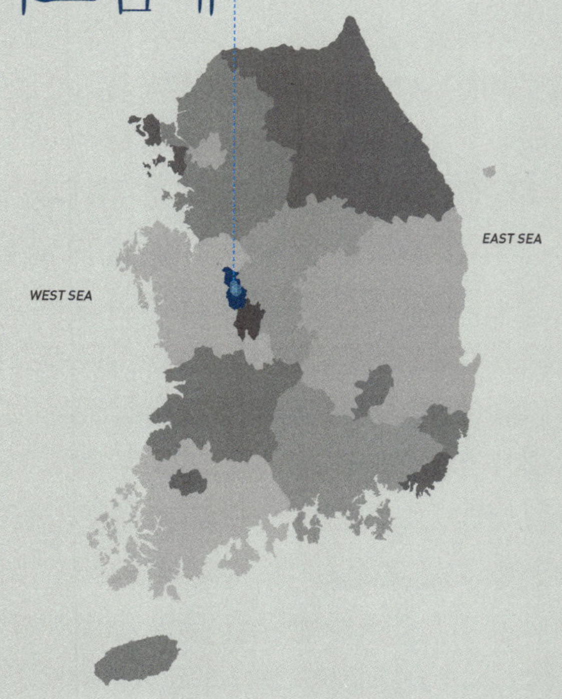

배경

시화산업단지나 광교테크노밸리, 구로디지털단지의 마이크로 에너지 그리드(MEG) 실증의 공통점은 지리적으로 가깝게 연결된 MEG를 구축할 수 있다는 것이다. 따라서 MEG 자체의 내부 운영 관리만으로도 에너지의 소비, 생산, 전달, 과금 및 외부 시장과의 연계까지 원활히 해결할 수 있었다. 그렇다면 MEG는 이렇게 지리적으로 가까운 실증 대상에게만 유용한 시스템일까? 아니다. 마이크로 에너지 블록(MEB)으로 구성되는 MEG는 MEG 플랫폼이 있기에 물리적 공간의 제약이 없다.

세종시 첫마을은 에너지 관리의 사각지대에 있던 소규모 건물을 대상으로 물리적 거리의 제약 없는 원격 에너지 관리를 통한 도시 에너지 관리를 실현하고, 신재생 에너지를 활용하여 도시 내 모든 에너지의 생산과 소비가 이루어지는 에너지 고효율, 저탄소 개념의 스마트 그린시티 구축을 목표로 한다. 향후 세계에서 벤치마킹할 수 있는 에너지 자족도시를 구현하고자 하였다.

실증 개념

세종시 실증을 위해 세종시와 MOU를 체결하고 119 안전센터, 주민복합센터, 경찰지구대, 우체국, 공립 초등학교를 대상으로 에너지 관리 서비스 시스템을 구축하였다. 공공건물과 학교는 건물 규모가 크지 않아 대체적으로 에너지 관리자를 따로 선임하기 어려우며 각 건물은 에너지 효율을 높이기 위해 빌딩 자동화 시스템이 설치되어 있었으나 복잡한 설비 구성으로 인해 실제는 운영되지 않고 있었다. 게다가 전력, 조명, 냉난방 시스템 및 지열 시스템의 빌딩 자동화 시스템이 통합되어 있지 않고 설비별로 따로 설치되어 있어 비전문가가 운영하기는 더욱 어려운 상황

개념	에너지 자족 도시(탄소저감도시)
전략(방안)	**스마트 그리드 기술적용** –신재생 에너지 30% 설치 확대 –빌딩 에너지 효율화 솔루션(BEMS) 설치 –에너지 운영 센터(EOC) 구축 –에너지 소비 절감 20% 이상 구현
특징	**신재생 에너지원 확대 설치** –태양광, 소형 풍력, 연료전지 등 신규 빌딩 의무화 **건물의 세부 에너지 사용현황을 실시간 모니터링하고** **누적 데이터 분석, 설비 고효율 운전을 통해서 에너지 절감 20% 발전**
주요 정책 및 서비스	**세종시 녹색도시 추진 정책(기존안)** –CO_2 배출량 → 2030년까지 70% 저감(1990년 기준) –신재생 에너지 이용율 → 2030년까지 15% 달성 –도시계획, 도시건설, 건축, 에너지, 교통 등 5개 분야 계획을 통해 절감 추진

[세종시 스마트 그린시티 건설 추진 목표]

드디어 제게도 기회가 왔습니다. 이번 세종시 첫마을 사업에 제가 담당자가 된 거지요. 제 능력을 만방에 펼칠 겁니다. 그럼 나대기의 활약을 지켜보세요.

먼저 세종시 스마트 그린시티 조성이 어떻게 이루어지는지 간략하게 말씀드리겠습니다. 도시계획 단계부터 친환경 도시건설을 추진하여 온실가스 발생량 70% 감축, 신재생 에너지 15% 도입 계획을 수립해 건설 과정에 적용하고 있어요. 태양광, 태양열, 지열, 바이오가스 등 신재생원별 도입 계획 및 신재생 에너지 도입 가이드라인을 마련하였고요. 태양광발전 시범사업 등을 통해 가시적인 성과를 보이고 있습니다. 특히 태양광을 대표적인 신재생 에너지원으로 선정하고 공공청사, 주택, 자전거도로 등 도시 전 시설물을 대상으로 태양광 도입을 추진하고 있습니다. 세종시 유성 간 자전거도로, 수질 복원 센터, 폐기물 매립장 등을 활용한 총 5MW 규모의 태양광 발전사업을 가동 중에 있답니다.

또한 정부세종청사, 국립세종도서관, 복합 커뮤니티센터 등 공공건물에 지열 시스템을 도입해 냉난방 효율화에 앞장서고 있어요. 자원순환형 에너지 도시 구축을 위해 수질 복원 센터, 폐기물 연료화 시설, 열병합발전소, 지역난방시설 등 도시기반 공급시설을 집적화하여 에너지 활용 효율성을 극대화하고 있습니다. 이렇게 보니 세종시가 추진하고 있는 스마트 그린시티의 개념이 MEG와 많이 닮아 있는 것 같네요.

1단계 구축 내용	2단계 구축 내용
세종시 공공건물 에너지 진단	원격 에너지 관리 서비스 구축
상세 솔루션 설계	공공BAS 연계 개발 및 연동 시험
전력 서브 미터링 장치 및 센서 설치	TOC 연계
공공 BAS Gateway 설치 및 데이터 수집	에너지 효율 분석
공공 BAS 연계 개발	도시 관제 센터 에너지 관제 연동

이었다. 따라서 K-MEG은 통합 운영 관리 시스템을 통해 운영을 쉽게 하고, 이것을 통해 얻어진 데이터를 에너지 통합 운영 센터(E-TOC)와 연계하여 에너지 전문가가 원격으로 통합 관제함으로써 인건비 절감과 전문성 확보가 가능해지도록 하였다.

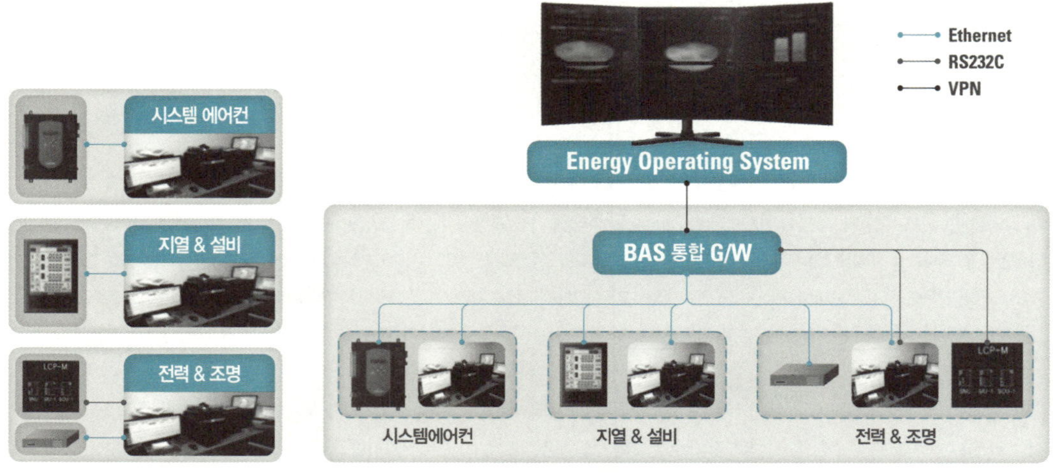

[K-MEG 세종시 실증 이기종 통합 BAS G/W 연동 시스템]

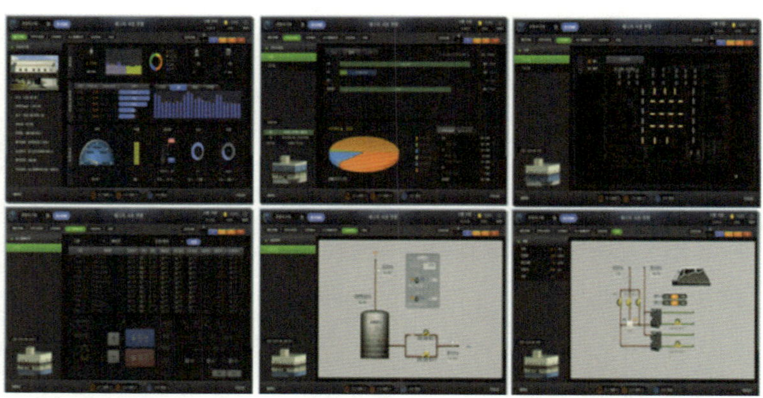

[K-MEG 세종시 실증 에너지 운영 센터 관제 화면]

설계 및 구축

우선 4개 공공건물과 학교의 정확한 에너지 사용량을 분석하기 위하여 디지털미터기(AMI)를 배전반에 설치하였다. 디지털미터기란 배전반으로 지나가는 전력 값을 측정하는 기기이다. 디지털미터기를 통하여 구역별 에너지 사용량을 분석하고, 4개 공공건물 및 공립 초등학교의 에너지 사용량을 분석한 결과 특정 구역의 조명이 불필요하게 소모되고 있음을 발견하였다. 조명의 에너지 낭비를 방지하기 위하여 노후화된 조명들을 LED 조명으로 교체하고 스마트센서를 설치하여 조명 사용의 효율화를 높일 수 있었다.

디지털미터기 정보, 스마트센서 그리고 기존에 설치된 빌딩 자동화 시스템(BAS)에서 개별적으로 수집되는 데이터를 통합 연동하기 위하여 서로 다른 기종의 BAS를 하나의 게이트웨이 통합 연동하는 시스템을 개발하였다. 이기종 BAS 게이트웨이를 통해 에너지 관리자들의 통합 운영 관리가 가능해진다.

세종시는 스마트 그린시티 개발 계획의 일환으로 원격 에너지 운영 센터를 세종시에 자체적으로 구축하였다. 세종시에 구축된 에너지 운영 센터는 건물들을 운영 관리하는 목적을 가지고 있다. 에너지운영센터에는 에너지 관리자가 항시 상주하여 건물의 에너지 사용을 모니터링하고 분석한다. 이렇게 각 지역별, 도시별 구축된 에너지 운영 센터의 에너지 정보는 에너지 통합 운영 센터(E-TOC)로 모여 통합 운영 관리하게 된다. 도시 등 대규모 지역의 에너지 운영 센터의 경우 에너지 관리자가 에너지 운영 센터에 상주해야 하지만 소규모 지역 단위의 에너지 운영 센터의 경우 에너지 관리자가 상주하지 않아도 통합 운영 센터를 통해 에너지 관리가 가능하다. 이러한 에너지 통합 운영 센터는 대상 건물이 많아질수록 효율성이 높아진다.

세종시 실증 사이트가 다른 실증 사이트와 다른 점은 보다 적극적인 원격 에너지 관리, 즉 제어가 가능하다는 점이다. 이는 기술적인 진보라기보다는 공공기관으로서 소유권이 단일화되어 있기에 가능한 관리 방법이라 하겠다. 에너지 운영 센터에서 공공기관 및 학교의 조명 및 냉난방기를 제어할 수 있고 신재생 에너지의 작동 상태를 확인하고 제어할 수 있다. 특히, 스마트 스쿨 시범 교육기관인 실증 대상 초등학교는 상황인지 기반의 에너지 제어 시스템을 구축하여 상황에 따른 조명 및 냉난방기 제어가 가능하다.

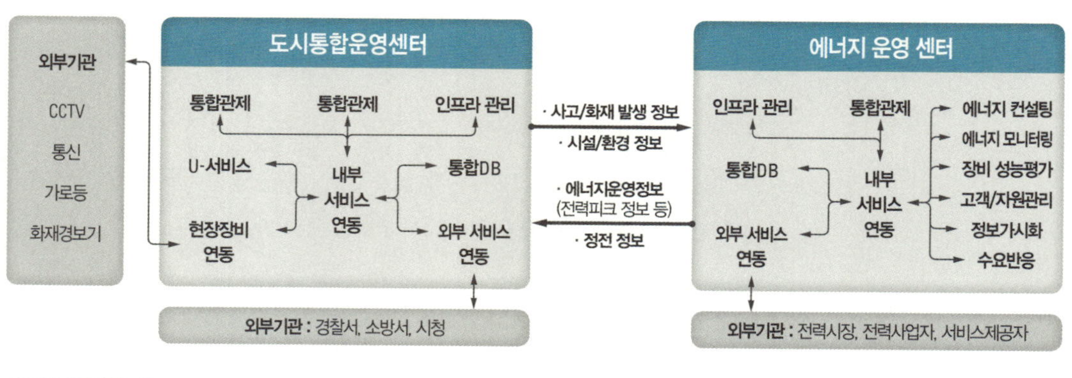

[K-MEG 세종시 실증 에너지 운영 센터의 세종시 스마트 그린시티 플랫폼 연계 방안]

All-IP 기반 고해상도 AMI 장비는 1분 단위로 전기, 열 등의 데이터를 수집하여 건물에 집중되는 최대 피크치를 측정하고 건물에 필요한 최대 부하를 정확히 산정한다. 이 측정된 값을 이용하여 각 건물에 필요한 적정 사용 열량 가이드라인을 제시하고, 가이드라인에 따라 운영하여 에너지 요금을 절감할 수 있다. 이러한 기술은 세종시 7개 마을의 실제 사용량 및 용량에 적용하여 에너지 사용의 최적화 근거를 확보하고 최적의 에너지 효율을 이끌어낼 수 있다.

에너지 운영 센터는 에너지 관리뿐만 아니라 세종시 스마트 그린시티 플랫폼과 연계하여 CCTV, 교통, 상하수도 관리, 방재 환경 관련 상황 이벤트 정보를 전달받아서 도시 운영 센터에 에너지를 추가하여 도시 통합 에너지 운영에 활용할 예정이다. 또한 전력 피크 상황, 정전 발생 정보 등을 연계하여 상황 전파 및 사전 예방, 위기 상황 대처에 활용할 예정이다.

사업화 개념

원격 에너지 관리 사업은 기본적으로 구로디지털단지와 같이 개별 냉난방 건물군 MEG의 수익구조와 유사하다. 그러나 건물들 간 물리적 거리의 차이는 사업 형태의 차이를 가져온다. 물리적으로 떨어져 있는 건물들을 ICT 기술을 이용해 연계한다는 점에서 통신망 인프라를 기반으로 한 B2C 사업으로서의 잠재력이 있다.

이러한 특징으로 인해 MEG 구현 대상 범위가 확장될 수 있다. 다수의 관공서를 운영하는 지방 정부, 다수의 건물을 운영 관리하고 있는 민간 사업자뿐만 아니라 현재의 인터넷 서비스와 같이 사용자가 사업자를 선택하여 서비스를 받는 방식도 가능하게 된다. 또한 에너지 관리 서비스와 연계하여 방재, 보안, 헬스케어 등의 서비스까지 패키지화하여 사용자 편의성을 높일 수 있다. 원격 에너지 관리 사업의 경쟁력은 다양한 사용자 편의서비스 제공에 있으며 원격 통합 관리로 인한 저비용으로 기존에 누리지 못했던 중소형 건물에 에너지 절감 서비스 제공이 가능하다는 것이다. 이를 통하여 기존에 에너지 관리 사업에 제외되었던 중소형 건물에 적용이 가능하면서 사업 영역을 확장할 수 있다. 뿐만 아니라 AMI 사업을 통하여 아파트와 같은 일반 가정에도 통합 원격 관리가 가능하다. LH공사에 따르면 50만 가구의 연 평균 에너지 사용량은

3,931,246MWh 이며, 전기요금은 3,900억 원 정도이다. 만일 원격 에너지 관리 기술을 일반가정에 적용 시 약 390,000MWh 절감이 가능하며 390억 원 비용이 절감되는 경제적 효과가 있을 것으로 예상한다.

향후 과제

세종시 실증의 궁극적 목표는 다른 비즈 모델과 마찬가지로 에너지 생산과 관리를 통합하여 효율적으로 운영하는 데 있다. 앞서 언급되었듯이 이기종 통합 BAS G/W를 통하여 다수의 건물 및 주택들을 통합 연동하고 중앙에서 자동제어 함으로써 기존에 적용 대상이 되지 못했던 중소형 건물들의 에너지 사용량까지도 낮은 운영비로 절감하는 것이다. 건물 사용자들은 ICT기반의 에너지 운영 관리 시스템을 통하여 언제든지 편하게 접속할 수 있다. 따라서 원격 에너지 관리를 통한 에너지 절감효과 뿐만 아니라 소비자 스스로 에너지 절감에 참여하는 효과도 기대할 수 있다.

전문가 없이도
첨단 에너지 관리가 가능해지다

세종시 실증을 위해 맨 처음 방문 했을 때 허허벌판을 보고 아찔했어요. 세종시 건설을 맡은 행정중심 복합도시건설청에서도 세계 최고의 신도시로 건설하기 위해 온갖 노력을 기울이고 있었고 에너지 분야도 마찬가지였습니다. 과연 여기에서 어떻게 에너지를 이해하고 접근해야 할지 막막하기도 했지만 무언가 할 수 있다는 나대기만의 무모한 자신감도 있었죠.

먼저 상대적으로 협조를 받기 좋은 공공건물을 대상으로 조사를 시작했어요. 119 안전센터, 주민복합센터, 경찰지구대, 우체국, 초등학교 등.

그런데, 깜짝 놀랄 새로운 사실을 알았답니다. 당연히 에너지 관련 전문가가 있을 거라 생각했지만 그건 저의 착각이었어요. 119에는 출동 중인 소방관 아저씨가, 경찰지구대에는 어제 야근근무를 하고 퇴근한 경찰관 아저씨가, 우체국에는 우편물을 전달하러 가신 우편배달부 아저씨가 에너지 관리 담당이라는 거예요.

전국에는 약 6,796,000개(2013년 1월 기준)의 건물이 있고 그 중 5층 이하 중소형 건물이 6,622,000개로 전체 건물의 97%에 달합니다. 대형 건물은 전문 에너지 관리자를 선임하고 있으며, 2,000TOE 이상 건물은 정부의 관리 대상이죠. 문제는 대다수의 중소형 건물이었어요. 건물주는 건물 에너지를 관리하고 싶어도 에너지 전문가를 고용할 수가 없는 상황이고, 입주민들은 마음대로 사용하고 관리비로 나누어 내는 상황이여서 에너지를 관리하기가 힘들 수밖에요.

저는 여기서 기회를 발견하였답니다. 이런 중소 규모의 에너지 담당자가 없는 건물 특성에 맞는 컴팩트한 에너지 솔루션을 넣고 이를 에너지 전문가가 원격으로 건물의 줄줄새는 에너지를 잡아낸다면? 어때요! 정말 멋지죠!!

그렇게 세종시 실증이 시작되었답니다. 모든 실증 사이트가 그랬듯이 수행하는 데 만만치는 않았습니다. 많은 시행착오를 겪었지만 행정중심 복합도시건설청의 녹색도시환경과의 도움이 큰 힘이 되었습니다.

한가지 더! 세종시 실증으로 소중한 교훈도 얻었답니다. 아무리 최첨단 시설을 갖추었더라도 지속적으로 관리되지 않으면 오히려 낭비 요소가 되고 비효율적이라는 것!
그래서 에너지 운영 능력이 중요하답니다.

새로운
시대를 준비하다

K-MEG R&D 실증

시화산업단지, 광교테크노밸리, 구로 디지털단지, 세종시 첫마을에서 진행중인 **K-MEG** 비즈 모델 실증은 경제성을 기반으로 한 사업화가 최우선 목표였다. 높은 경제성 확보를 위해서는 상용화된 기술을 사용하여 초기 투자비를 낮추어야 한다. 그러나 마이크로 에너지 그리드(**MEG**)라는 새로운 패러다임의 전환을 가져오기 위해서는 현재 기술 수준이면 만족할 수 있을까? 이러한 딜레마 속에서 **K-MEG**은 현재 상용화 가능한 기술 솔루션으로 사업화 실증을 함과 동시에, **MEG** 발전을 선도할 기술의 연구개발 또한 병행하였다.

Story 3에서는 MEG의 핵심인 분산형 에너지원을 비롯하여, 스마트 센서 네트워크, 직류배전에 대한 연구개발을 실증 사이트를 중심으로 살펴 보겠다.

01

분산원 에너지 생산원 연구

새로운
에너지 정책 실현의
출발점이 되다

분산전원의 필요성

산업통상자원부의 통계에 의하면 최근 10년간 전력수요는 연평균 4.6% 정도 증가하고 있다. 이에 반해 발전설비 확충은 연평균 3.7% 정도로 최대 전력수요 증가에 미치지 못하고 있다. 전력은 저장이 불가능하기 때문에 매순간 수요와 공급이 일치되어야 한다. 그러므로 안정적인 전력수급을 위해서는 일정 수준의 공급예비율을 유지하여야 한다. OECD 주요국 대부분은 25% 이상의 설비예비율을 보유하고 있으나 우리나라는 10% 수준에 머무르고 있다. 2011년에는 예비율 저하로 인해 순환단전이라는 초유의 사태가 발생하기도 했다.

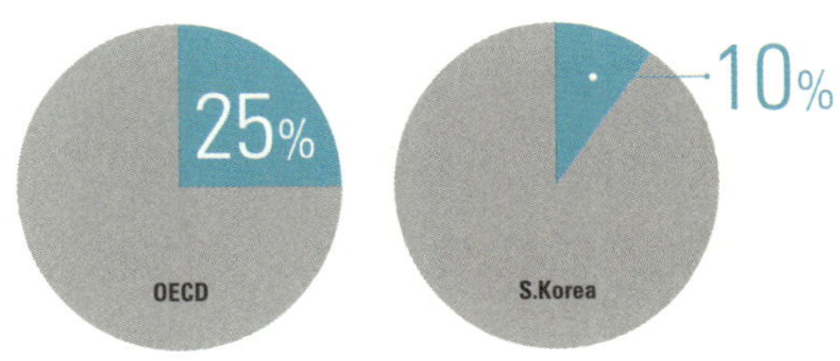

[전력 설비 예비율]

문제는 대규모 발전설비 증설이 현실적으로 점점 더 어려워지고 있다는 점이다. 발전소의 입지 선정 및 송전 설비 건설은 주민들의 반대로 구축하기 힘든 상황이다. 중앙집중식 전력공급 방식은 수요지 원거리 송전에 따른 손실 증대 및 설비의 노후화 등으로 문제가 되고 있다. 따라서 근거리 전력공급 방식, 즉 분산전원의 필요성이 부각되고 있는 것이다.

K-MEG 분산형 에너지원

K-MEG에서는 수요가 있는 곳에 공급이 동시에 이루어지는 분산형 에너지 생산원 도입을 추진하였다. 분산형 에너지 생산원으로서의 가능성

에너지가 필요한 지역에서 에너지를 생산하는 것이 무엇보다 중요하다는 게 실감나는군요. 그러면 이러한 생산원으로 사용된 시스템은 어떤 것들이 있을까요? 한번 살펴 봅시다.

먼저 K-MEG 산업단지용 에너지 생산원으로 폐열회수 재활용 모델을 찾았습니다. 결국 그 모델은 시화산업단지 실증으로 사업화하였죠. K-MEG 독립 그리드형 에너지 생산원으로는 태양광 발전설비를 미얀마에서 실증하였고요. 건물 내 비상전원을 전력 피크시 활용할 수 있도록 연계한 시스템은 구로디지털단지에 구축하였습니다.

복합건물군 에너지 생산원으로는 히트펌프를 활용한 MEG 플랜트와 연료전지 하이브리드 시스템을 광교테크노밸리에서 실증 중에 있습니다. 저급 석탄을 사용하는 500kW급 플라즈마 가스화 발전시스템은 실제 산업단지나 독립그리드에 적용하기 전단계인 설비 구축 및 장비 운영에 성공하였고요. 플라즈마 가스화 발전은 바이오 매스나 저급 석탄을 사용하여 독립그리드형 에너지 생산원으로 활용할 수 있을 것으로 전망하고 있습니다.

이 있다고 판단된 폐열재활용, 폐기물활용 열병합발전, 연료전지 발전 시스템, 풍력발전, 태양광 발전, 빌딩 내 비상발전기 연동, 태양열, 플라즈마 가스화 발전 중에서 예산과 과제 일정 및 실증 사이트 적용성 등을 꼼꼼히 따져 본 결과, 연료전지, 태양광, 에너지 저장장치, 분산전원용 PCS, 빌딩 내 비상발전기, 히트펌프 기술 개발에 집중하였다. 현재는 실증 사이트 적용을 통해 K-MEG 솔루션으로서의 사업성을 검증 중이다. 또한 저급탄을 사용하는 플라즈마 가스화 연구는 전기가 공급되지 않는 지역에 분산형 발전소 역할을 해 줄 수 있으리라 기대하며 시작하였다.

에너지 생산원으로는 실증 사이트에서의 적용성과 경제성이 가장 높은 기술이 흔히 선정된다. 일반적으로 태양광 발전이 K-MEG 실증에서처럼 독립그리드형 모델에만 적용되거나, 연료전지 히트펌프 하이브리드 시스템이 복합건물군에서만 적용되어야 경제적인 것은 아니다. 그 사이트에 가장 적합한 방식을 선택하여 활용하는 것이 바람직하다.

이번 장에서는 아직은 상용화되지 못하고 있지만 분산형 에너지원으로

서의 잠재력을 지니는 히트펌프를 활용한 MEG 플랜트와 연료전지 하이브리드 시스템과 플라즈마 가스화 발전 연구에 대해 알아보자. 시화산업단지의 폐열회수 재활용, 구로디지털단지의 비상발전기 연계 시스템, 미얀마의 독립 그리드 태양광 발전은 시장 성숙도가 높은 기술들로서 비즈 모델 및 해외 시장 진출 편에서 각각 별도로 설명할 것이다.

MEG 플랜트와 연료전지 히트펌프 하이브리드 시스템

광교테크노밸리 실증 Phase 1 단계에서는 열병합 발전 시스템이나 연료전지와 같은 분산형 에너지원과 히트펌프가 조합된 하이브리드 에너지 공급 시스템을 적용하였다. 이 시스템은 종합적인 에너지 효율을 개선하고 매크로 에너지 소비를 최소화할 수 있게 해준다.

단지 내 건물 A는 흡수식 냉온수기와 보일러로 에너지를 생산하여 사용하고 있었다. 하지만 설비는 10년 전에 설치되어 노후화 되었다. 준공 당시에는 건물 내에 호텔과 사우나가 있었으나 현재는 업무시설로 변경되었다. 이로 인해 당초 계획 대비 에너지 생산 용량과 소비량의 불균형이 심하게 발생하고 있었다.

건물 A는 2012년 기준 연간 에너지 비용으로 약 10억 원 정도를 지출하고 있었다. 그럼에도 불구하고 여름철 피크 시간대 냉방수요는 계속 늘어나는데 이를 수용하지 못하고 있다. 여름철 전력사용에는 법적인 제한이 있어 터보 냉동기를 대신할 기기가 필요한 상황이었다.

광교테크노밸리 Phase 1 에너지 생산 그리드 구축은 2단계로 나뉘어 진행되었다. 1단계에는 건물 A 내에 열병합 발전 시스템인 266kW 용량의 MEG Plant(가스엔진형)와 60USRt 히트펌프 2대를 설치하였다.

MEG Plant는 기존 에너지원의 경제성을 높이기 위해서 전력 부하가 최고일 때 수요관리(Demand Response) 등의 제어로 피크를 낮추고 경제성을 개선할 수 있도록 계획되었다. MEG Plant에서 생산된 전기는 히트펌프에 공급되어 냉온수를 생산하고 축열조에 저장하였다. 또한 냉난방 부하를 감당한 후 잉여전기는 건물 내에서 소비하였다. 열은 건물 A의 급탕용 온수 가열원으로 활용하였다.

최근에 이슈가 되고 있는 ESS(Energy Storage System)는 과제를 기획할 2011년에는 경제성이 없어서 보급이 힘들다고 판단되었다. 하지만 현장에 있는 비상용 발전기 혹은 MEG Plant와 소형 ESS를 결합한다면 VPP(Virtual Power Plant)로 구현할 수 있기 때문에 기술 실증 차원에서 68kWh의 소규모로 설치하였다. 이를 통하여 전체적으로 건물 A의 에너지소비량을 10% 정도 절감할 수 있도록 설계하여 운영 중이다.

2단계에는 건물 A에 인접한 건물 B에 연료전지 히트펌프라는 하이브리드 에너지 공급 시스템을 도입하였다.(100kW급 연료전지와 60USRt 히트펌프) 연료전지는 열과 전기 중 전기의 생산비율이 높다. 연료전지에서 생산된 전기는 히트펌프를 통해 건물에서 가장 많은 에너지를 사용하는 곳에 냉난방용으로 사용하였다. 생산된 열은 급탕으로 활용하여 한국의 에너지 사용에 가장 적합하도록 계획되었다.

1, 2단계에 구축된 시스템을 통하여 전체적으로 15%의 에너지 절감 달성이 예상된다. 연료전지의 경우 디젤 발전기보다 발전 효율이 높고, 디젤보다 단위 열량 당 가격이 1/4 가량 저렴한 천연가스를 사용하기 때문에 상대적으로 경제적이다. 연료전지가 신에너지로 지정됨에 따라 연면적 1,000㎡ 이상인 건축물에 신에너지를 일정량 도입할 경우 건축물의 취득세를 5~15% 감면받고 건축기준(최대 용적률, 조경면적, 최대높이 등)이 1~3% 완화되는 인센티브도 시행중이다.

현재 국내에서 가스엔진타입이나 연료전지 등 열병합 발전 시스템 적용에서 가장 문제가 되는 사항은 무엇인지 살펴 보자.

먼저 기술이 부족하고 시스템 자체의 가격이 높아 현재로서는 초기 도입장벽이 높다. 또한 지속적인 유지보수 비용도 연료전지 상용화의 걸림돌이다. 특히 국내의 경우 전기요금이 저렴하여, 열병합 발전 운영 단가와의 차이가 크지 않아 Life Cycle Cost 측면을 고려한다고 해도 경쟁력을 확보하기 어렵다. 최근 연료전지 생산기업에서는 이를 극복하고자 생산단가를 낮추기 위한 연구에 몰두하고 있다.

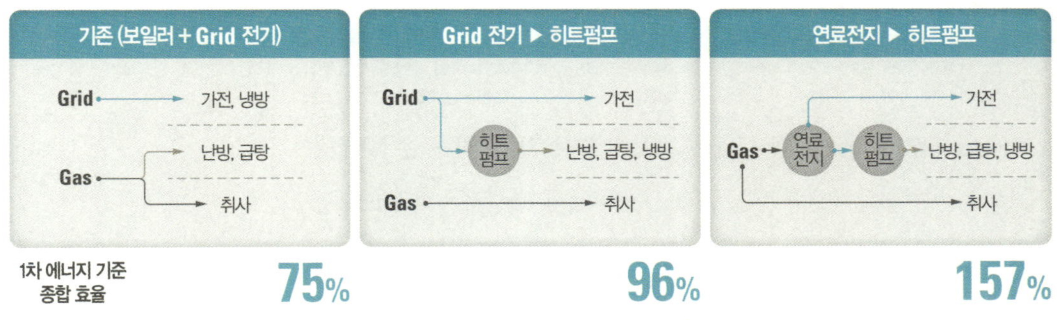

[기존 시스템과 연료전지 히트펌프 시스템의 종합효율 비교]

발전시 부가적으로 발생하는 열 수요처도 확보하기 어렵다. 동절기에는 난방이나 급탕부하가 크기 때문에 열병합 발전의 전체적인 효율을 높일 수 있다. 하지만 실질적으로 전력 피크가 발생하는 하절기에는 난방이나 급탕부하가 거의 발생하지 않아서 생산된 열은 버리는 경우가 많다. 이런 부분이 전체적인 에너지 이용 효율을 높이는 데 걸림돌이다. 초기 계획시 공급대상 시설의 에너지 수요를 고려하여 수영장이나 사우나 등

열 부하가 많이 발생하는 시설을 포함하여 계획하거나, 흡수식 냉방 시스템을 적용하여 열 활용률을 높이는 등의 대책이 필요하다.

플라즈마 석탄 가스화 발전

국내 석탄 가스화 복합발전(IGCC, Integrated Gasification Combined Cycle) 기술개발은 90년대 초반부터 시작되었다. (사)고등기술연구원의 미분탄 3t/day 처리 가스화기, 한국에너지기술연구원의 슬러리 1t/day 처리 가스화기가 현재 국내 IGCC 기술의 현 주소이다. 2014년까지 국내 IGCC 사업단은 300MW급 IGCC 플랜트 건설을 목표로 기술개발에 매진하고 있다.

전자파수증기 플라즈마를 이용한 Plasma Enhanced-Integrated Gasification Generation(PE-IGG) 기술은 세계 최초 순수 국내 기술로 원천기술을 개발하였다. 플라즈마 내에서 생성되는 Radical들은 합성가스를 생산하고 전력생산, 열, 수소생산, 화학원료 생산 등의 Poly-Generation을 만들 수 있다. On-site 수소 스테이션 구축, 화석연료 Reformer, 플라즈마 연소기 등의 가스화기를 이용한 부수적 가치와 광합성 박테리아를 이용한 탄소포집 및 저장(CSS, Carbon Capture and Storage) 기술개발, 플라즈마 기술을 활용한 먹는 물 생산 등의 대표적인 기술을 가지고 있다.

호주는 석탄화력으로부터 발전량의 75%를 충당하고 있으며 IGCC, CCS, 저급석탄 활용 등에 관한 폭넓은 연구를 진행 중이다. 해당 분야에 호주 달러로 5억 달러(한화 5천억 원 가량)을 투자 중에 있다. 중국은 지속 가능한 발전을 위한 3E(Economy, Energy, Environment) 전략 하에서 Poly-Generation을 추진 중이다. 2020년까지 IGCC 설비용량 20GW, 석유제품 50Mt/year 생산을 목표로 하고 있다. 일본은 최대 석탄 수입 국가이며 1차 에너지 소비의 20%가 석탄이다. 장기적 에너지 안보 측면에서 석탄을 전략적 자원으로 삼아 석탄의 청정사용 기술개발에 집중하고 있다.

현재 국내는 전력연구원 주관 하에 2030년까지 IGCC에 의한 발전용량 4%를 목표로 잡고 2006~20015년까지 '한국형 IGCC 기술확보를 위한 300MW급 설계기술 자립 및 실증 플랜트 건설'을 목표로 사업을 추진 중에 있다.

PE-IGG는 순수 수증기(물 100%) 플라즈마를 이용하여 저급 석탄을 가스화하는 것으로 세계에서 처음 시도하는 원천 기술이다. 기존 IGCC와는 달리 수증기 플라즈마를 이용하여 가스화한다. 가스화기 이후의 후공정 요소설비는 기존 IGCC의 것과 거의 동일하다.

PE-IGG와 IGCC의 가스화 방법 및 가스화기의 차이점은 다음의 표와 같다.

	IGCC	PE-IGG
석탄의 종류	열량 6,500kcal 이상, 회재 12% 미만의 고급탄	열량 4,000kcal 이상, 회재 40% 미만의 저급탄부터 가능
가스화 온도	1,300℃~1,700℃	3,000℃
가스화 압력	2~8 MPa (20~80 Atm)	0.1 MPa (1 Atm)
산화제	산소 (O_2)	수증기 (H_2O)
전기 사용량	전체 발전량의 10% - 산소 공급장치	전체 발전량의 25~30% - 수증기 플라즈마 발생
전기 생산량	최소 300MW 부터 가능	최소 2MW 부터 가능

[IGCC와 PE-IGG 비교]

IGCC와 PE-IGG의 가장 큰 차이점 중 하나는 사용하는 석탄의 종류이
다. 기존 IGCC는 석탄의 열량을 이용하여 스스로를 태워야 하기 때문에
열량이 높고 회재 성분이 적은 고급 석탄만을 사용해야 한다. 반면 수증
기 플라즈마를 이용하는 PE-IGG는 플라즈마를 추가 열원으로 사용하
기 때문에 열량이 낮은 4,000kcal 정도의 저급 석탄도 사용이 가능하다.
아래의 그래프를 참조하면 2008년 중반 국제 오일 가격이 최고치를 경

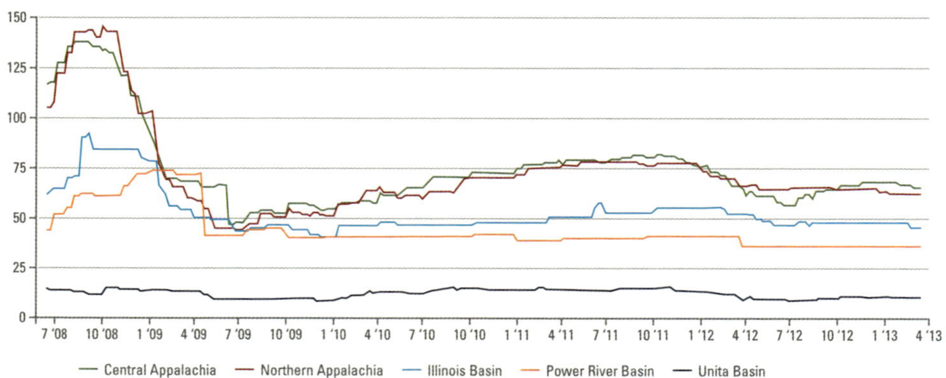

Historic coal prices by region, 2008-2013
dollors per short ton

[국제 원유 가격 변화 그래프]

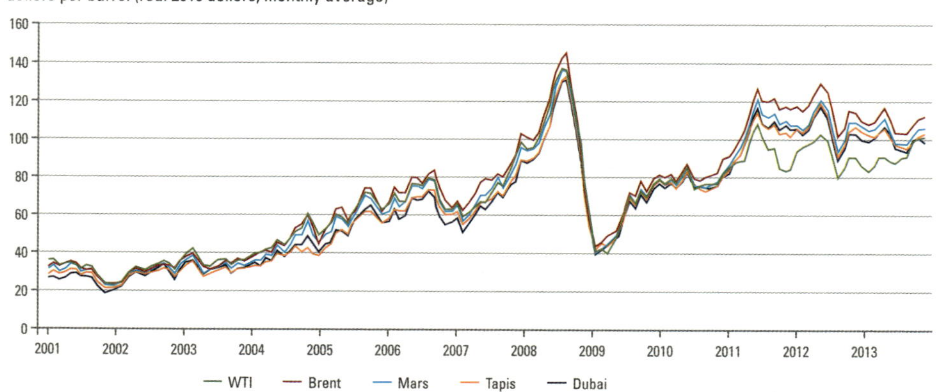

World crude oil prices
dollors per barrel (real 2010 dollors, monthly average)

Source: Bloomberg, Thomson Reuters. Published by: U.S. Energy Information Administration.
Updated: Monthly | Last Update: 9/30/2013

[국제 석탄 가격 변화 그래프]

신하면서 그에 따른 고급 석탄 가격도 최고치를 경신한 것을 알 수 있다. 반면에 저급 석탄의 경우는 국제유가와 상관없이 거의 일정한 가격을 유지하고 있다. 2008년 고급 석탄의 가격은 약 150 달러/톤이며, 저급 석탄은 약 10달러/톤으로 가격은 1/15로 저렴하다. 또한 2008년부터 2013년까지 고급 석탄의 평균 가격은 약 80달러/톤이며, 저급 석탄의 평균 가격은 약 13달러/톤으로 6배 이상 저렴하다.

수증기를 플라즈마 형태로 변환시키기 위해서는 약 10,000℃의 열이 필요하다. 그 열원으로 전자레인지의 마그네트론에서 전달하는 전자파(Microwave)가 수증기에 열을 전달하여 플라즈마 형태로 만들어진다.

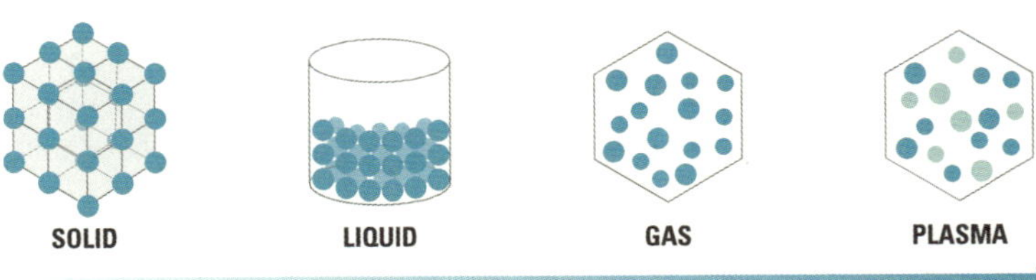

[물질의 온도에 따른 변화 형태]

02 : 플라즈마란?

플라즈마가 무엇인지 질문하는 사람들이 많습니다. 그럼 플라즈마에 대해 알아볼까요. 플라즈마란 제4의 물질 형태를 말합니다. 위의 그림을 참조하여 물을 예로 들어 볼게요. 물은 0℃ 이하에서 얼음(고체)으로 존재하며, 0~99℃ 에서는 물(액체)로 존재하겠죠. 또한 100℃ 를 넘으면 수증기(기체)가 되고요. 물은 온도가 약 10,000℃에 이르면 분자들의 이온화 상태, 즉 이온과 전자로 나뉘는 현상이 일어납니다. 이 상태를 플라즈마 상태라고 부릅니다. 우주는 플라즈마 상태로 되어 있습니다. 주변에서 흔히 볼 수 있는 번개, 오로라 등도 플라즈마 종류 중 하나라고 보시면 됩니다.

수증기 플라즈마 내에서 수증기(물, H_2O)는 수소(H_2)와 산소(O_2)로 분해
되어 존재한다. 이때 수증기 플라즈마의 중심온도는 약 6,000℃ 이상이
다. 또한 수증기뿐만 아니라 공기, 산소, 질소, 일산화탄소 등의 가스도
전자파의 열을 이용하여 플라즈마 형태로 발생된다. 각각의 플라즈마는
기체의 성격에 따라 서로 다른 색을 띤다. 이온화되어 나오는 분자들도
각각 다르기 때문에 여러 가지 용도로 사용이 가능하다.

아래의 그림은 PE-IGG에 사용되는 플라즈마를 여러 가지 가스를 이용
하여 플라즈마 형태로 발생시킨 사진이다. 왼쪽부터 수증기, 공기, 산
소, 질소, 이산화탄소를 이용하여 플라즈마를 발생시켰다. 플라즈마는
투명한 석영으로 만들어진 방전관 안에서 직선 방향으로 뻗어나가는 토
치 형태이다. 투명한 방전관의 길이는 약 1.2m이며 방전관의 길이가 길
수록 플라즈마 화의도 길어진다.

수증기 플라즈마를 열원으로 사용하는 PE-IGG는 기존 화력발전소 또
는 IGCC에서 사용하지 못해 버려지는 저급 석탄을 가스화시켜 합성가
스(수소, 일산화탄소)를 생산하고, 이를 가스엔진 및 스팀 터빈을 이용
하여 전기를 생산하는 신개념 복합 발전소이다. 수증기 플라즈마를 열
원으로 사용하기 때문에 저급 석탄을 가스화시킬 수 있는 것과 마찬가지
로 환경오염의 주된 원인으로 떠오르는 바이오매스(나무껍질, 팜껍질,
쌀겨 등)도 가스화시킬 수 있으므로, PE-IGG는 석탄 발전뿐만 아니라
바이오매스를 이용한 발전도 가능하다.

[수증기 플라즈마를 이용한 저급 석탄 가스화 원리]

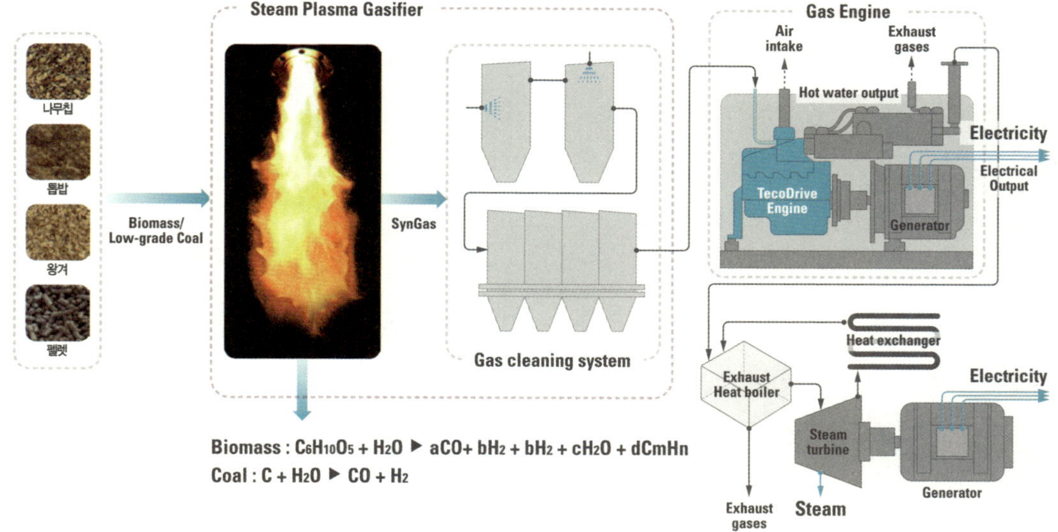

[PE-IGG 시스템 발전 흐름도]

다음 그림은 수증기 플라즈마를 이용한 저급 석탄의 가스화 원리를 나타낸 것이다. 미분화된 저급 석탄을 수증기를 이용해 발생한 플라즈마에 투입한다. 이를 수증기 플라즈마 안에 생성된 O_2, OH, H_2분자들과 저급 석탄을 이루고 있는 탄소(C)와 반응하여 수소(H_2)와 일산화탄소(CO) 등으로 합성되어 가스 형태로 배출한다. 아래 그림은 PE-IGG의 전체 흐름을 간단하게 나타낸 그림으로 최종적으로 전기가 생산되기까지를 보여준다.

위의 그림에 나타난 것처럼 저급 석탄, 나무칩, 톱밥, 쌀겨 등은 수증기 플라즈마에 투입하여 직접 가스를 만든다. 이때 나오는 합성가스를 정제하여 가스엔진과 전기를 생산한다. 바이오매스와 저급 석탄의 열량은 약 4,500kcal/kg으로 거의 동일하므로 기존의 화력발전소와 IGCC에서는 발전용 연료로 사용할 수 없다. 하지만 PE-IGG에서는 수증기 플라즈마의 열로 부족한 열량을 채워줄 수 있으므로 발전용 연료로 사용이 가능하다.

K-MEG은 위에서 설명한 PE-IGG 실증을 위해 500kW급 저급 석탄 가스화 테스트 실증 단지를 구축하였다. 수증기 플라즈마와 저급 석탄 가스화 기술은 국가핵융합연구소 보유 기술로서 순수 국내 원천 기술이다. 이번 기술을 이용한 발전 시스템이 상용화된다면 기존 IGCC와 달리 외국 로열티를 지불하지 않고 전기를 생산할 수 있다. 이로써 기존 대비 약 1/10 수준의 원료 가격으로 전기 생산 단가를 낮출 수 있는 큰 장점을 가지고 있다. 아래 그림은 500kW급 저급 석탄 가스화 테스트를 위한 시스템을 구축해 놓은 사진이다.

구축된 500kW급 저급 석탄 가스화 테스트 시스템에 인도네시아 저급 석탄을 이용하여 테스트를 진행하였다. 수증기 플라즈마를 발전시켜 저급 석탄을 플라즈마에 투입하고 가스화기 내부 온도를 약 1,650℃로 유

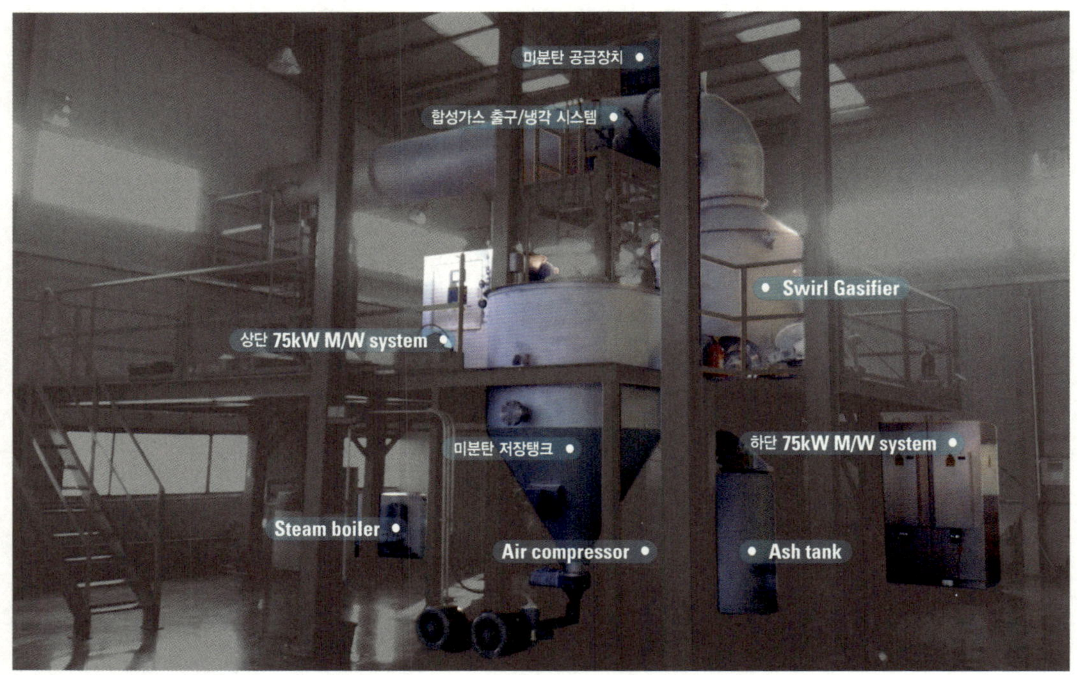

[K-MEG 500kW급 저급 석탄 가스화 테스트 시스템 구축 사진]

지하여 합성가스를 측정하였다. 측정 결과 수소 40%, 일산화탄소 32%, 이산화탄소 18%, 질소 10% 함량의 합성가스가 생성되었다. 이것을 열량으로 환산하면 약 501kW의 에너지를 가진다. 가스엔진과 스팀 터빈의 효율을 약 45%로 잡는다면 약 225kW의 전기를 생산할 수 있다.

실험실 테스트의 성공이 곧바로 플라즈마 석탄 가스화 발전의 상용화를 의미하지 않는다. 그러나 이번 테스트의 성공은 저급 석탄 복합발전소 기술의 상용화에 한발 다가갈 수 있는 계기가 되었다. 이번 실증된 PE-IGG의 성능으로 국내 원천기술을 확보하고, 세계적인 에너지 분산화를 위한 첫 걸음이 되었다.

K-MEG 분산형 에너지원 도전과 가능성

구로디지털단지의 비상발전기 연계, 시화산업단지의 폐열회수 재활용, 미얀마 독립 그리드의 태양광 발전 등은 이미 시장 성숙도가 높은 기술이다. 이들 실증 사이트에서는 다양한 방법을 통한 비즈니스 모델 실증이 가능했고, 태양광 발전의 경우는 해외 시장에도 진출할 수 있었다. 그러나 이번에 소개한 연료전지 히트 펌프 시스템이나 플라즈마 가스화 발전은 국가적 연구비 지원 없이는 실증하기 어려운 상황이다. 실증 구축이 마무리된 현재, 남은 숙제는 위의 두 가지 기술들이 실제 상황에서 운영되는 데이터를 축적하고 분석하여 향후 상용화를 위한 연구 개발에 반영하는 일이다.

지난 2014년 1월 발표된 제2차 국가 에너지 기본 계획의 키워드는 수요관리와 분산화였다. K-MEG이 시도한 다양한 분산형 에너지원의 활용은 국가의 새로운 에너지 정책 실현의 출발점이 될 것이다.

02

스마트 센서 네트워크

세밀한
환경의 변화를
실시간으로 반영하다

스마트 센서 네트워크와 에너지 관리

K-MEG 스마트 센서 네트워크 기술은 다양한 에너지 정보를 실시간으로 수집, 제공하며, 효과적인 에너지 절감의 수단으로 개발되었다. 센서 장비의 성능과 경제성만 좋아진다면, 이와 같은 측정 및 정보 제공 기술은 빌딩 에너지 절감에 획기적인 기반이 될 것이다. 스마트 센서 네트워크 시스템의 중심인 무선 센서 기술은 기존 시스템보다 자유롭고 간편하게 에너지 정보를 수집할 수 있게 한다. 이 시스템은 BAS 혹은 기존 에너지 관리 시스템과 연동할 수도 있지만, 독립적으로 설치하여 활용할 수 있어 단일 상품으로도 가치가 높을 것이다.

정밀하게 측정된 다양한 에너지 관련 정보는 에너지 운용과 효율화의 출발점이다. 하지만 무선 센서 네트워크에 의한 효과적인 데이터 베이스 구축과 정보 제공은 경제성, 기존 BAS의 제한적인 정보 공개, 기존 측정 데이터와의 통합 이슈 등으로 쉽지만은 않다.

[삼성 제로 에너지 하우스 : 그린 투모로우]

무선 센서의 기능성은 K-MEG 과제 이전에 삼성물산의 "그린 투모로우" 제로 에너지 시범 주택 프로젝트를 통해 이미 확인한 바 있다. K-MEG에서는 성능과 가격을 개선하여 무선 센서의 상용화를 기대하고 있다. K-MEG은 에너지 관리 시스템과의 연동성을 테스트하고 성능을 개선하기 위해 글로벌 전문가들과의 공동작업을 계획하였다.

버클리 대학교 팀과의 공동 연구

무선 센서 네트워크 시스템의 개발과 적용을 위해 당시 에너지 데이터의 수집과 분석을 가장 체계적으로 진행하고 있었던 캘리포니아 대학(UC Berkeley) 연구팀과 손을 잡았다. 캘리포니아 대학 연구팀은 테스트베드로 활용할 수 있는 건물의 제공과, 컴퓨터 기술을 활용한 정밀한 건물 에너지 연구 수행이 가능했다. 그리하여 K-MEG은 캘리포니아 대학 연구팀과 컴퓨터 기술 관점의 에너지 절감, 효율화 연구 개발 및 실증을 추진하였다.

CITRIS HQ는 미국 캘리포니아 대학교 버클리 캠퍼스에 위치한 버클리 대학의 IT기술 연구소(Ceter for Information Technology Research In the Interest of Society)의 본부이다. 2009년에 완공된 이 건물은 Marvell 사에서 기부한 Nano Fabrication Lab과 CITRIS 연구 공간 및 사무실로 사용 중이다.

이곳은 K-MEG 과제를 시작하기 2년 전부터 캘리포니아 대학(UC Berkeley), 로렌스 버클리 국립연구소(LBNL), CITRIS 연구소, 캘리포니아 에너지 및 환경 연구소(CIEE) 등의 멤버들로 연구팀을 구축하여 광범위하고 깊이 있는 건물 에너지 프로젝트를 진행하고 있었다. K-MEG은 스마트 센서 네트워크를 활용한 건물 에너지 절감 연구를 위해 기존의 연구팀("버클리팀")과의 공동 개발을 추진하게 되었다.

CITRIS HQ는 최신 빌딩 자동화 시스템과 에너지 관리 시스템을 갖추고, 다양한 서브미터와 조명 제어 시스템을 운영하고 있었다. K-MEG이 참여하기 이전까지 에너지 관리 시스템과 조명 시스템, 일부 무선 센서가 통합된 건물 에너지 모니터링 시스템이 완성된 상태였다. 더불어 인터넷을 통한 다양한 건물의 설비, 환경 상태를 모니터링하는 초기시스템이 구축되는 단계였다.

이 시스템을 기반으로 '피크 전력 30% 절감' 목표를 달성하기 위한 K-MEG과 버클리팀의 실증 연구가 시작되었다. 피크 전력을 낮추기 위해 설비 운영 효율화와 자동수요관리(Automated Demand Reponse) 방법이 추진되었고, K-MEG에서는 이러한 방법론의 기반이 되는 스마트 센서 네트워크 분야를 주도하였다. 대규모 무선 센서가 실제 건물에 어떻게 적용되어 에너지 절감에 도움이 되는지를 최초로 시도하였다.

앞서 말한 것처럼, K-MEG 과제 전체의 가장 큰 이슈는 상용화 및 사업화 가능성 타진이다. 새로운 기술 개발보다는 실증이 과제의 중심이 되었고, 실증을 진행한 후에는 상용화가 가능해야 하며, 투자한 비용을 회수할 수 있는 비즈니스 모델이 만들어져야 하는 목표가 있었다. 그러나, CITRIS HQ 실증 사이트의 경우, 사업화에 편향된 실증 수행과 달리 연구와 기술 개발에 초점을 두는 R&D 부문에 집중했다. 신속한 상용화는 아직 어렵지만 무선 센서 네트워크와 빅데이터 플랫폼 기반의 에너지 서비스 기술을 중심으로 공동 개발이 진행 중이다.

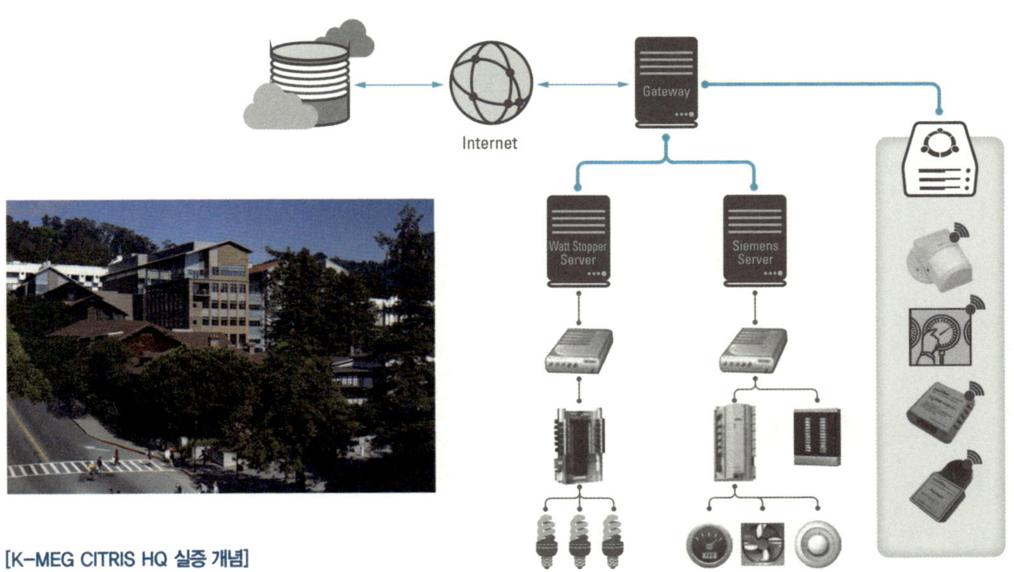

[K-MEG CITRIS HQ 실증 개념]

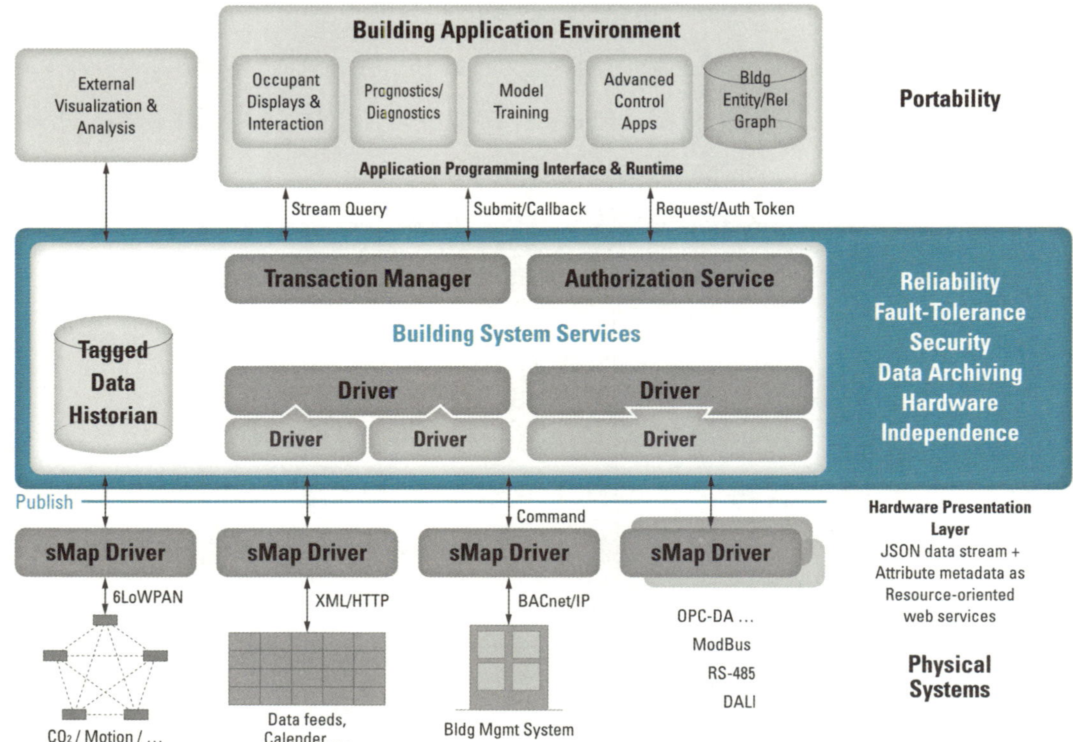

[K-MEG CITRIS HQ 센서 네트워크 시스템 구성]

K-MEG 센서 네트워크 시스템 구성

CITRIS HQ에 구축된 통합 시스템은 기존의 지멘스 Apogee 에너지 관리 시스템 및 WattStopper 조명 제어 시스템, 450여 개의 K-MEG 무선 센서 시스템이 하나의 서버로 묶여 있는 형태이다. 냉난방 공조, 조명, 무선 센서가 통합되어 하나의 시스템을 구성하고 있으며, 총 1만 개가 넘는 데이터 포인트들이 10초 이내의 주기로 서버에 입력된다. 서버 시스템은 빌딩 OS가 적용되어 있어 만개가 넘는 데이터 포인트들의 저장과 해당 GUI를 실시간으로 관리해 주고 있다. 에너지 관리 시스템은 건물의 에너지 소비상태를 모니터링 하기 위해 데이터를 수집한다. 메인 전력 미터 외에 다수의 전력 분전반이 설치되어 세분화된 전력 사용량까지 모니터링하고 있다.

전력 피크 절감 실증 결과

CITRIS HQ 실증에 적용된 자동수요관리 OpenADR(Open Automated Demand Reponse) 시스템은 전기 공급 사업자와 건물 소유주 또는 관리자 사이의 비즈니스를 가능하게 한다. 쉽게 생각하면 전기 공급 사업자가 OpenADR 기술을 수용자인 건물 소유주에게 서비스하는 것이다. 하지만 공급자와 소비자의 이해관계가 얽혀 직접적인 시스템 구축은 어려운 편이다.

현재 미국에서도 수요관리의 가능성과 필요성은 인정하지만 빠른 시간 안에 사업이 확장되리라고 기대하지는 못하는 분위기이다. 로렌스 버클리 국립연구소에서는 OpenADR 서버를 구축하고, 전기 공급자와 소비자 사이에 수요관리 서비스를 제공하는 업체와 협력하고 있다. 이번 프로젝트에서는 Auto-Grid 사가 참여해 서버 구축을 담당하고 있는데, Auto-Grid 사의 비즈니스 영역은 국내의 지능형 수요관리 사업자와 비슷하다.

2011년에 기초 조사를 한 뒤, 2012년에 시스템 설치와 소프트웨어를 정비했다. 그리고 2013년에 K-MEG 수요관리 테스트를 실시하였다. 실험을 통해 냉난방 공조, 조명 등의 전력 사용량 30% 이상 절감에 성공하였다. 아래의 결과 그래프는 2일 동안의 CITRIS HQ 전체 에너지 사용량을 도식화한 것이다.

이 그래프를 보면 기술적으로 실험 결과는 만족스럽다. 하지만 아쉽게도 한국의 비즈니스 현실과는 다소 거리가 있다. 미국의 DR 수행환경

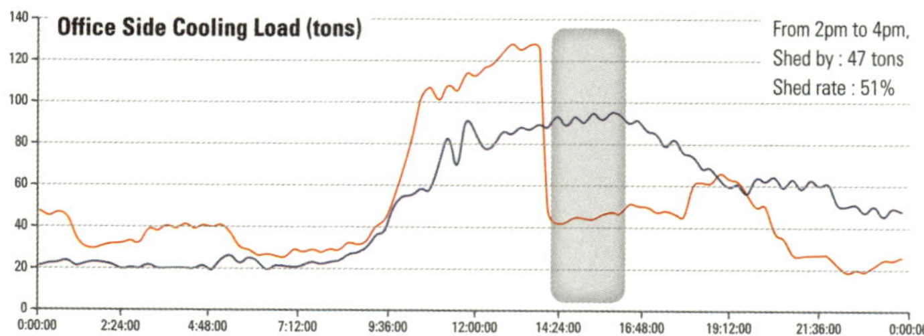

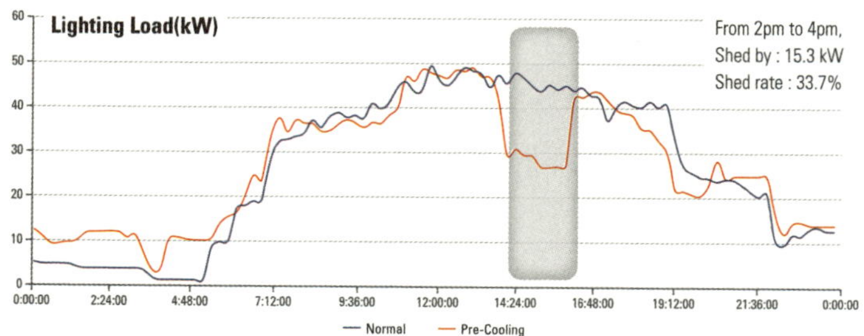

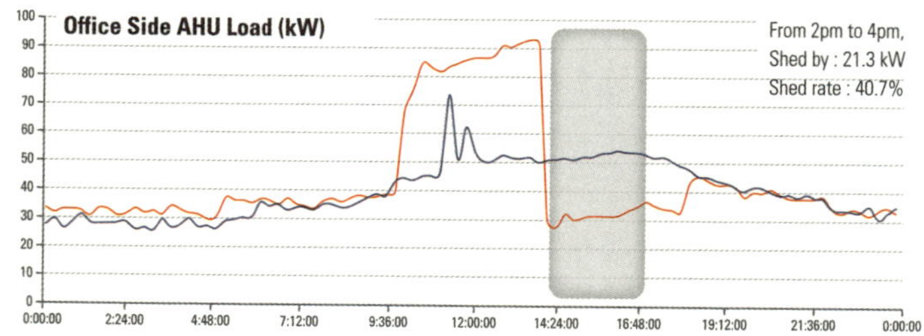

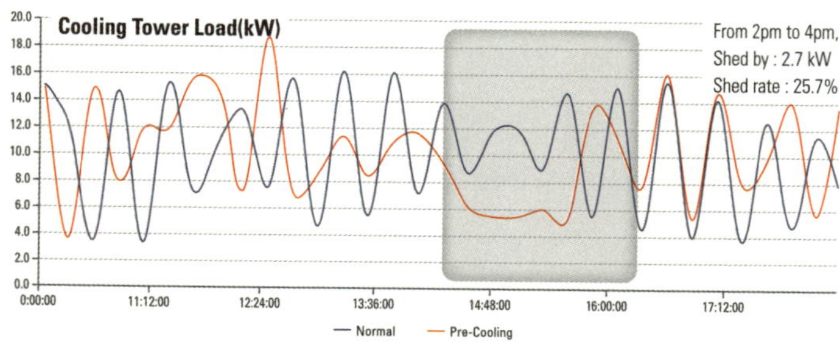

[K-MEG CITRIS HQ Pre-Cooling 부하별 전력 사용량 비교]

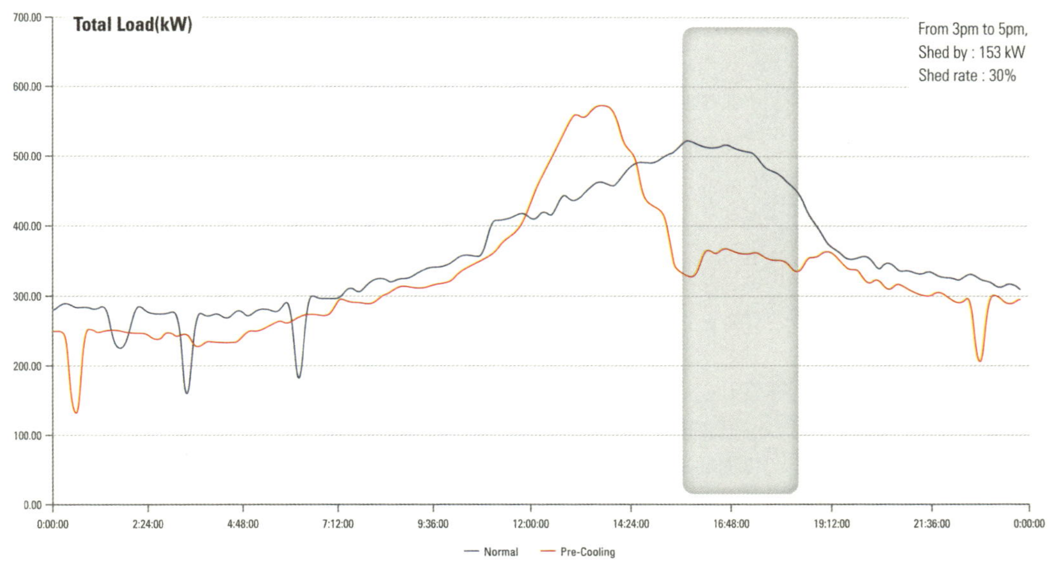

[K-MEG CITRIS HQ Pre-Cooling 전체 전력 사용량]

은 실시간으로 변하는 전기요금에 영향을 받는다. 전국적으로 전기를 많이 사용하면 요금이 급격히 오르고 평상시에는 낮은 요금을 유지한다. 때문에 전기사용량이 많아지기 전 건물 온도를 낮추기 위해 미리 저렴한 전기요금으로 실내 온도를 낮춰 놓는다. 이것을 프리쿨링(Pre-Cooling)이라고 한다. 미국의 건물들은 이러한 방식으로 에너지와 비용을 절감할 수 있다.

국내에서는 전기 요금의 계절별, 시간별 변화가 크지 않고 오히려 연중 최고 피크 전력 사용량을 기준으로 다음 해 전기요금의 기본료가 결정된다. 그렇기 때문에 건물의 피크 전력량 자체를 관리해야 한다.

위의 그래프는 각 설비별 에너지 소비 절감량이다. 프리쿨링을 실시일과 정상 가동일의 전력사용량을 빨간색과 파란색으로 구분하여 그린 것이다.

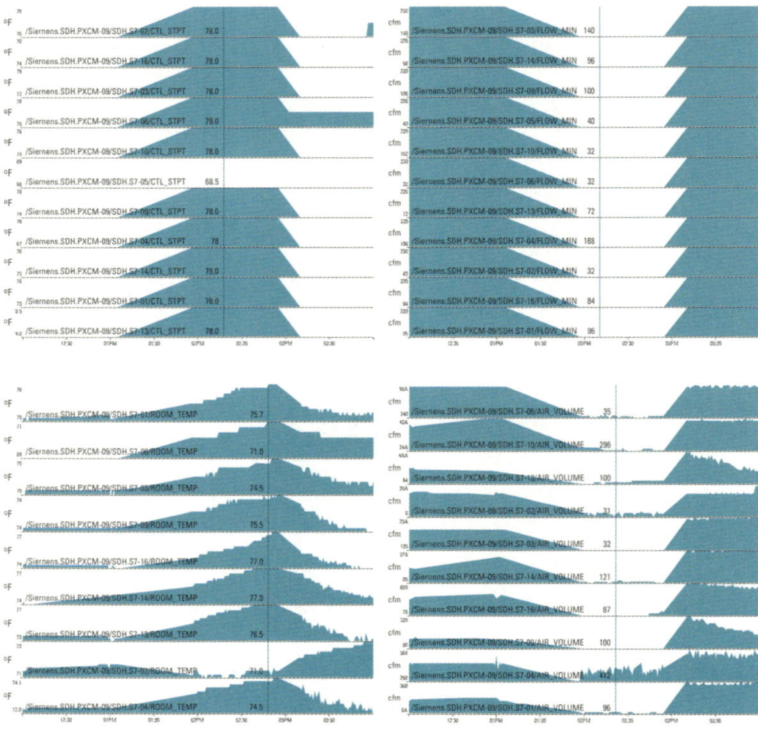

[냉방 온도와 VAV 풍속 설정(상)에 따른 실내 온도와 VAV 풍속 변화(하)]

대규모 센서 네트워크를 통한 건물 에너지 모니터링

2013년 8월, 실시간 OpenADR 실험이 진행되었다. OpenADR 서버와 수요관리 소프트웨어가 서로 통신하며, 자동수요관리를 진행하였다. 날씨가 덥지 않아서 실제 자동수요관리라기보다는 실시간 모니터링과 제어에 가까운 실험이었다. 빌딩 소프트웨어가 수요관리 신호를 서버로부터 수신하면 자신에게 연결된 기기들을 제어하고 에너지 사용량을 확인한다. 이어 정상적으로 제어되고 있는지 혹은 전력소비가 줄어들고 있는지 확인한다.

여기서 주의해야 할 점은 전체 전력사용량만 보게 되면 단순한 제어 명령과 모니터링으로 보인다는 것이다. 하지만 1만 개가 넘는 에너지 관리 시스템의 관제점과 센서, 조명 포인트들의 데이터를 실시간으로 모니터링 한다. 즉 어떤 포인트에서 동작이 잘 일어나고 있는지, 어떤 지점에서 문제가 생기는지 실시간으로 확인할 수 있다.

위의 그림은 건물 소프트웨어가 건물설비에 내린 명령에 따라 10개 실의 상태가 어떻게 변했는지 나타내는 그래프다. 상단 왼쪽 그림은 실내 설정 온도 그래프이고, 상단 오른쪽은 VAV 풍속의 설정값이다. 하단의 두 그래프는 설정값에 의해 변화하는 실내 온도와 VAV 풍속의 측정값을 나타낸다. 시스템의 명령에 따른 건물의 반응을 한 눈에 알 수 있는 그래프이다.

그래프를 보면 건물이 소프트웨어의 명령에 따라 정확하게 동작하지 않는 것을 확인할 수 있다. 건물의 설정온도를 높이거나 송풍량을 줄이는 제어 명령에 잘 반응하지 않는 현상이다. 이것이 건물 에너지를 정확하고 정교하게 관리하기 얼마나 어려운지 보여주는 증거이다. 기존의 에너지 관리 시스템만으로는 자세한 모니터링을 할 수가 없다. 그래서 450여 개의 무선 센서를 건물 전체에 설치하여 세밀한 환경 변화를 실시간으로 모니터링 하도록 구축하였다.

이렇게 실시간으로 건물의 설정 온도와 상태 제어 명령을 내리고 건물이 어떤 상태로 운영되는지 즉시 확인할 수 있다. 이런 모니터링 소프트웨어가 설치된 건물은 CITRIS HQ가 국내외에서 선두라 할 수 있다.

현재 CITRIS HQ에 구현될 소프트웨어 기술은 수요관리라는 서비스 기술을 위한 기본적 시스템이다. 이것을 기반으로 지속적으로 세밀한 제어명령과 모니터링을 통해 어떤 방법이 가장 좋은 수요관리 방법인지를 찾아갈 수 있을 것이다.

향후 계획

K-MEG 센서 네트워크 기술은 CITRIS 실증 사이트 적용을 통해 자세한 에너지 정보 측정의 필요성을 확인할 수 있게 해 주었다. 건물 BAS의 정밀한 제어가 어려운 점을 보완할 수 있도록, 건물의 구석구석을 자세하게 원격 모니터링 하고, 초단위로 수집되는 많은 측정 데이터를 빠르게 검색할 수 있었다. 그리고 실내 이산화탄소(CO_2) 모니터링의 경우는 공조기 에너지 절감과 실내 쾌적성 사이에서 중요한 의미가 있는 것을 발견하였다.

보다 많은 K-MEG 실증 사이트에 무선 센서들이 설치되어 자세한 에너지 측정 시스템과 데이터 베이스 구축이 되었더라면, 학술적으로 더 많은 가치를 얻을 수 있었을 것이다. 하지만 상용화된 효율적인 측정 시스템이 필요하다는 것을 이번 실증을 통해 배웠다는 것은 큰 성과라고 할 수 있다.

앞으로 무선 센서 네트워크의 기술은 기축 건물의 시스템에 영향을 주지 않고, 가벼운 네트워크 설치만으로 자세한 에너지 환경 정보를 제공할 수 있을 것이다. 이를 위해서, 디바이스 레벨의 최적화와 상용화 기술이 보완되고 발전할 것이다.

센서를 통한 건물의 실시간 환경 관찰

팀장으로서 일을 진행하면서 흥미로운 것을 알게 되어 재미를 느끼기도 하고, 예상하지 못한 변수에 맞닥뜨릴 때는 진땀을 흘리기도 한답니다. 이번에는 대규모 무선 센서에 관한 이야기를 들려 드릴게요.

여러 가지 센서 중에서 이번 실증에 적용한 것은 온도, 습도, 조도, 이산화탄소를 측정할 수 있는 무선 센서와 재실감지 센서입니다. 다양한 센서들을 VAV 공조 유닛과 조명 시스템의 영역(zone)별로 설치했습니다. 건물에는 16개의 공조기(AHU), 141개의 VAV 유닛이 설치되어 있지요. 이러한 센서를 통해 실시간으로 건물의 환경이 어떻게 변하는지 관찰할 수 있습니다. 이번 실증에서는 CO_2 센서의 새로운 활용 가능성을 보게되어 매우 흥미롭답니다. 실내 CO_2 농도 변화를 모니터링하여 재실 환경 및 재실자 환경을 파악하는 데 도움을 주죠.

처음에는 150개 정도의 영역에 센서를 설치하면 되었습니다. 그런데 나중에 도면을 확인하면서 한 개의 VAV가 여러 개의 개인사무실에 공용으로 사용된다는 것을 알게 되었어요. 결국 추가로 센서 설치가 필요하다는 결론을 내렸답니다. 아래 그림은 건축 도면, VAV 도면, 조명 도면으로 무선 센서의 설치 위치를 결정한 작업 내용을 모아 놓은 것입니다. 이렇게 건물 전체에 여러 정보를 투시하여 정리하는 데 많은 시간이 걸렸습니다. 쉽지 않은 작업이었지만 이렇게 해내고 보니 우리 팀이 자랑스럽기도 하답니다.

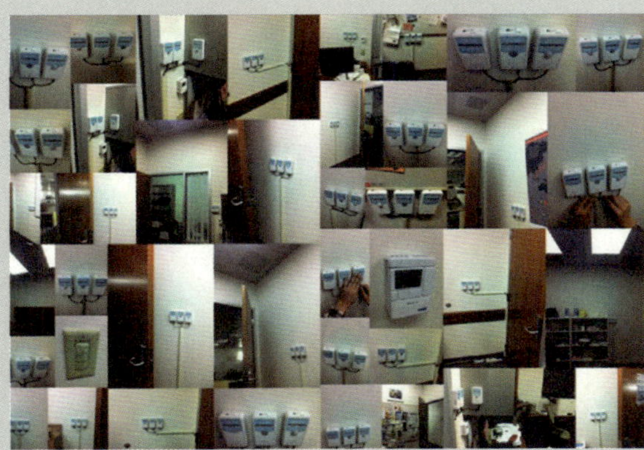

[K-MEG CITRIS HQ 센서설치 사진!]

03

DC배전

전력변환을 최소화하여
에너지 효율을
향상시키다

DC배전이란

1888년부터 시작된 에디슨의 직류(DC)와 테슬라의 교류(AC) 표준화 전쟁은 1893년 국제 나이아가라 폭포 위원회에서 교류에 수력발전소 사업권을 주면서 테슬라의 교류 승리로 끝나게 되었다.

이후 100여년간 교류에 의한 전력 세상이 구축되었으며 직류방식은 실생활 활용이 영원히 어려울 것으로 생각되었다. 하지만 21세기가 들어서면서 디지털 기기의 보급과 신재생 에너지의 확대 그리고 스마트 그리드 등 구역전기사업에 대한 지속적인 관심의 증대로 인해 에디슨의 직류가 다시 주목을 받고 있다.

직류가 배전의 표준이 되면 일상생활에 어떤 장점이 있을까?

TV, 냉장고 등 가전제품은 내부에서 직류를 사용하기 때문에 교류를 직류로 변환시켜주는 부품이 생략되어 부피와 가격을 현저히 줄일 수 있다. 미국의 GOOGLE, 일본 NTT 등 서버를 운영하는 IDC 빌딩에서는 전원을 직류배전으로 적용하여 10~30%의 에너지 절감 효과를 보고 있다. 국내 KT도 남수원 IDC 센터에 직류배전을 적용하여 13.2%의 효율성 향상을 확인하였다. 특히 일본 샤프와 TDK가 태양전지와 직류배전으로 가정에 공급하는 직류 Home 배전을 실시하였고 직류배전, 열병합발전, 고단열화를 복합 실증하여 27%의 에너지 절감 효과를 얻었다.

신재생 에너지에 직류배전 시스템을 적용시키면 전력변환 감소로 에너지 효율이 약 10% 향상된다. 또한 전력변환 장치 제거를 통한 수변전 설비의 기존 설치 면적비가 50% 소형화되어 큰 경쟁력을 갖추게 된다. 또한 직류송전(HVDC)을 직류배전에 연계하게 되면 전력변환 최소화 등어려 요인으로 에너지 효율이 높아질 것이다.

최근 들어 직류배전이 더욱 주목받고 있는 이유는 무엇일까요? 신재생 에너지 대부분은 직류를 생산하지만 구내 전기 설비 및 부하설비는 교류전원 기반으로 구성되어 있어요. 그렇기 때문에 생산된 신재생 에너지인 직류전원을 교류로 변환하여 분전하고 부하설비 내에서 다시 직류로 변환하여 사용하고 있습니다. 이로 인해 전력사용 효율이 저하되고, 비용이 소요되고 있지요. 즉, 직류전원을 소비하는 디지털 부하에 교류전원이 공급되어서 모든 디지털 부하 내부에 전력변환기를 설치해야 하며, 이로 인한 변환손실이 지속적으로 증가하고 있는 것입니다. 직류배전은 이런 불필요한 중간과정을 없애 줍니다.

K-MEG DC배전 실증

전세계적으로 DC배전은 도입단계라 할 수 있다. 2009년 일본의 NTT 통신사의 직류배전 데이터 센터를 시작으로, DC배전은 막대한 양의 전력을 소비하는 데이터 센터를 운영하는 기업의 관심사가 되었다. Intel 사는 Data Centre에서의 효율 차이를 살펴 보기 위해 같은 영역에서 AC 시스템과 DC시스템을 각각 설치하여 효율을 비교 실험하였다. 그 결과, 7%의 에너지 절감, 33%의 공간 감소, 전기시설 비용 15% 감소로 이어져 직류배전 시스템이 기존 교류배전 시스템에 비해 경쟁력을 가질 수 있다는 결론을 제시했다. 60여 개 관련 기관의 멤버로 구성된 세계적인 DC협회인 EMerge Alliance는 상업 건축물의 DC Grid에 관련된 표준, 배전 그리고 조명기기에 중점을 두고 개발을 진행하고 있다.

국내 DC배전 건축물로는 2008년 개관한 KT의 목동 IDC Centre, 2009년 준공한 삼성물산의 미래형 주택 쇼룸인 그린 투모로우, K-MEG 직류배전 실증지인 서울대 K동이 있다. 국내외 실증 사이트 중 실제 사용 중인 건물을 대상으로 한 DC배전 시스템은 K-MEG 실증 사이트인 서울대 K동이 최초로 알려져 있다.

[K-MEG 서울대학교 실증 K동 전경]

서울대 K동은 교수연구실과 강의실로 사용되는 건물이다. 이 건물은 AC/DC 양방향 정류기를 활용한 DC전력과 신재생 에너지(Roof-Top PV & BIPV) 시스템에서 발전되는 DC전력을 이용하여 안정적인 380VDC 전력을 건물 내부 각실의 PC, 모니터, TV 그리고 조명 시스템과 같은 다양한 부하에 공급하고 있다. 또한, 엘리베이터와 같이 DC전력으로 구동이 어려운 설비 및 기존 제품과의 호환을 위해 AC 전력도 동시에 공급되는 하이브리드 방식으로 설계되었다.

신재생 에너지 발전 시스템

서울대 K동의 태양광 발전 시스템은 옥상에 설치하는 Roof-Top 방식과 건물과 일체화하여 시공하는 BIPV(Building Integrated Photovoltaic) 방식의 두 가지로 구성되어 있다. Roof-Top 태양광 발전 시스템은 36kW급의 대용량 발전 시스템으로 250W급 태양광 모듈 144장으로 이루어져 있다. 이 태양광 패널은 건물의 옥상에 고정되어 태양광을 받아 전기를 생산한다. 태양광 모듈로부터 생성된 전기는 DC전력을 공급하기 위해 별도로 개발된 DC/DC 컨버터를 통해 각각의 연구실 및 강의실에 분배된다.

BIPV는 비투과형 박막 태양전지 모듈을 사용하였고 유리 사이에 공기층을 추가하여 단열 성능을 향상시켰다. BIPV의 유지 보수 성능을 강화하기 위해 Pencil Type의 정션 박스를 사용하였다. Pencil Type의 정션 박스는 기존 모듈과는 다르게 모듈의 측면에 정션 박스를 설치하는 방식이다. 이 방식은 시야각을 확보하고 모듈 간 결선 체크를 가능하게 한다. 또한 결선 등의 문제 발생 시 모듈 해체가 아닌 코킹부 해체를 통한 유지 보수가 가능하다.

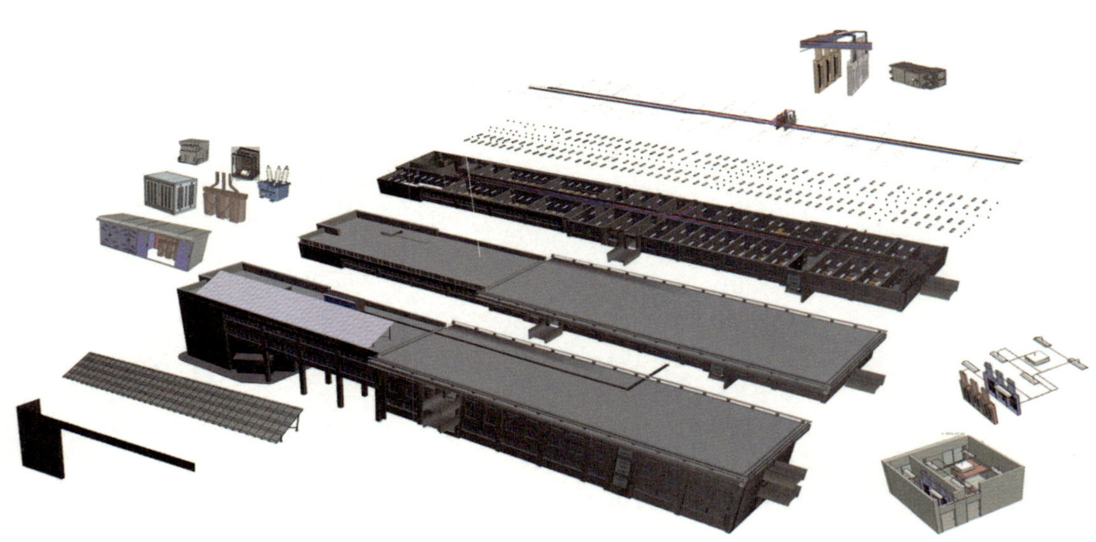

[K-MEG 서울대학교 실증 구성 요소]

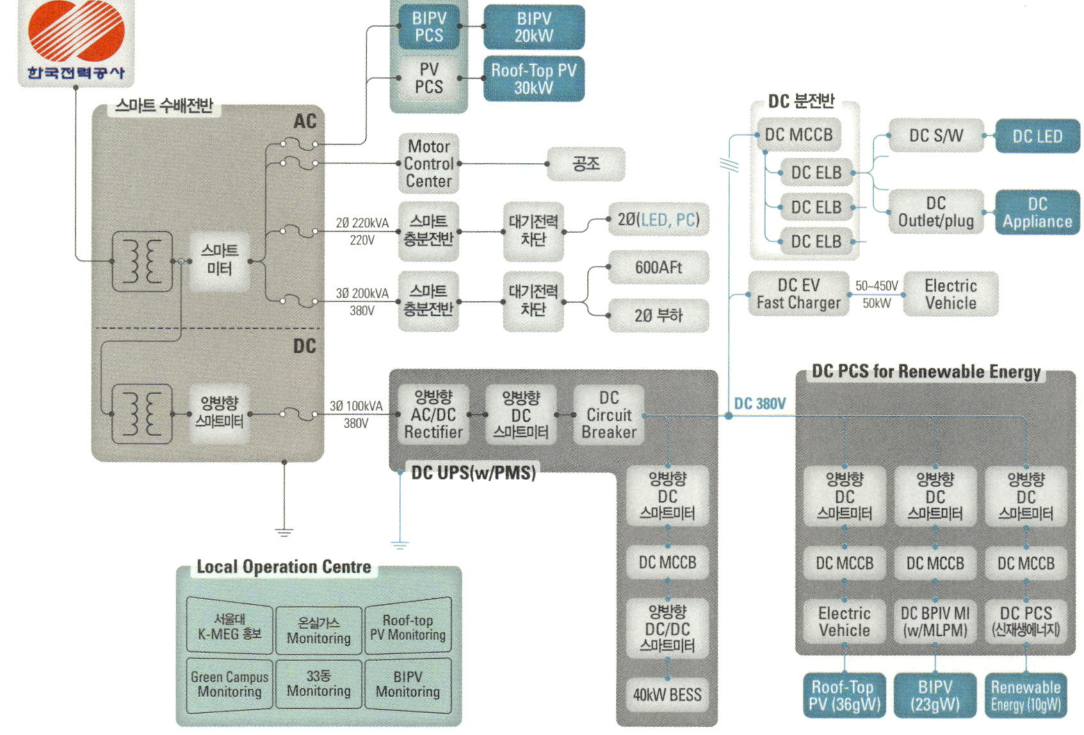

[K-MEG 서울대학교 실증 개념]

DC배전 K-MEG 개방형 테스트베드인 서울대 K동의 유지관리는 구조물의 시공 단계에서부터 계측된 전력사용량의 정보를 유지관리자에게 효율적으로 전달하는 방식으로 이루어진다. 이를 바탕으로 안전성을 평가할 수 있는 웹 기반 시스템과 E-TOC와의 연계 서비스 구현을 목적으로 개발하였다.

모니터링 시스템은 서울대 K동의 모든 전력 발전 및 소모에 대한 실시간 데이터를 취득하여 DB에 누적하고 있다. 향후 타 건물과의 에너지 사용 정보 비교 및 에너지 절감 방안 등 관련 부분에서 활용될 예정이다.

DC배전 시스템 사용현황

현재까지의 실증 데이터를 분석해 보면, K-MEG 서울대 K동은 기존
AC배전 대비 상당수 이상의 효율을 올리고 있다.

건물 전체 조명의 99%를 DC LED로 교체하였으며, 과제를 위해 특별 제
작한 DC부하용 TV와 PC를 활용하고 있다. 가전 및 사무기기의 대부분
은 AC전력을 사용하지만 내부 회로의 구성은 DC전력으로 구동되어 있
다. 이렇듯 모든 제품들은 여러 번 변환기기를 거치면서 에너지 효율이
줄어든다. 하지만 K-MEG에서는 이러한 변환효율을 최소화하였다. 대
표적인 부하인 LED의 경우, 기존 AC전력에 비해 전력변환기기를 최소
화하여 에너지 효율을 20% 정도 향상시켰다. PC 및 TV의 경우 5% 이상
의 에너지 효율을 기대할 수 있게 되었다.

[K-MEG 서울대학교 실증 통합 관제 센터 모니터 화면]

이렇게 신재생 에너지와 양방향정류기에 만들어진 DC전력의 잉여전력은 2대의 ESS에 저장되어 혹시 모를 천재지변에 대응할 수 있도록 연계되어 있다. 또한 외란 및 사고 방지를 위해 특별 제작된 고압차단기와 누전차단기를 적용하였으며 DC전력의 정확한 사용량 확인을 위해 DC Meter가 구축되어 있다.

DC배전 실증을 위한 도전

현재 DC배전 연구에 있어 어려운 점은 전 세계적으로 DC배전에 대한 표준이 명확히 규정되어 있지 않다는 것이다. 따라서 제품 개발 후에도 타당성에 대한 인증을 받기가 어려운 현실이다. 국외의 경우 간헐적으로 특수한 상황을 구성하여 직류배전에 대한 제품 인증을 승인해 주기도 한다. 이렇듯 국내외적으로 직류배전의 표준이 시급하다. 이러한 직류배전 표준 정립을 위해 국외에서는, IEC "SMB Strategic Group 4 on LVDC distribution systems up to 1500V"라는 타이틀로 위원회가 구성되어 있고, 국내에서는 "저압직류배전 표준위원회"가 발족되어 현재까지 활동하고 있다.

앞서 설명한 바와 같이 K-MEG 서울대 K동은 건물 전체 조명의 99%를 DC LED로 교체하여 사용하고 있으며, 과제를 위해 특별 제작한 DC 부하용 TV와 PC를 활용하고 있다. DC LED는 건물 사용자와 관리자의 저항 없이 순조롭게 설치되었으나, 업무에 직결되는 PC와 TV의 교체는 쉽지 않았다. 새로운 기기에 대한 안정성을 설명하고 사용자를 설득하는데 적잖은 시간과 노력이 소요되었다.

DC배전의 실증에 있어 가장 어려운 점은 DC부하를 직접 사용할 수 있는 제품이 많지 않다는 것이다. 1973년 10월 이후 AC계통의 전력손실을 방지하기 위해 가정 내 전압을 110VAC에서 220VAC로 변경하였다.
이때 정부에서는 소형 전력변환기를 공급하였으며 국가의 많은 지원과
국민들의 동참으로 현재는 좋은 품질의 전력을 사용할 수 있게 되었다.
DC배전의 실현은 정부와 국민 모두가 동참하고 노력해야 할 문제이다.
K-MEG의 서울대 K동 실증 사이트는 향후 DC전력의 활성화를 위해
치룬 큰 경험이 될 것이다.

Green Campus에 대한 의지

서울대학교는 국내 최고의 석학들이 200여 개의 건물의 강의실과 연구실에서 많은 연구를 진행하고 있습니다. 이 건물들은 1970년대에 준공된 노후화된 건물들이죠. 노후된 건물을 순차적으로 리모델링하는 시점에 본 과제인 K–MEG Green Campus를 구축하자고 제안을 했어요.

결국 두 개의 건물은 승낙을 받았지만, 본 실증 사이트(서울대학교 K동)을 제외한 나머지 건물은 신재생 에너지원의 설치가 매우 어려운 지리적 조건이어서 부득이하게 하나의 건물만 실증을 할 수 있었습니다. 이번을 계기로 서울대에서 Green campus에 대한 의지가 더욱 굳세어지기를 바라봅니다.

'K'-MEG을 넘어서다

K-MEG 해외 실증

K-MEG은 국내 비즈 모델 실증을 디딤돌 삼아 마이크로 에너지 그리드(MEG) 에너지 효율화 솔루션의 해외 진출을 모색하였다. 최근 급성장하고 있는 대형건물 리모델링 시장, 최신 기술 도입에 상대적으로 유연하고 현재 수요가 많은 것으로 조사된 대학 캠퍼스, 분산형 에너지원이 절실한 고립지역을 타깃으로 해외 시장 개척을 시작하였다. 대형건물 리모델링은 미국에서, 캠퍼스형 연구단지는 핀란드에서, 독립 그리드 구축은 미얀마에서 K-MEG 실증 사이트를 확보하였다.

세계적으로 분산형 에너지원을 활용하는 MEG 개념은 초기 단계로서, K-MEG 과제를 통한 국내 기업들의 해외시장 진출은 향후 시장경쟁에서 우위에 설 수 있는 교두보 역할을 하게 될 것이다.

01

미국의 리모델링 시장

대한민국
에너지효율화 기술의
수출이 시작되다

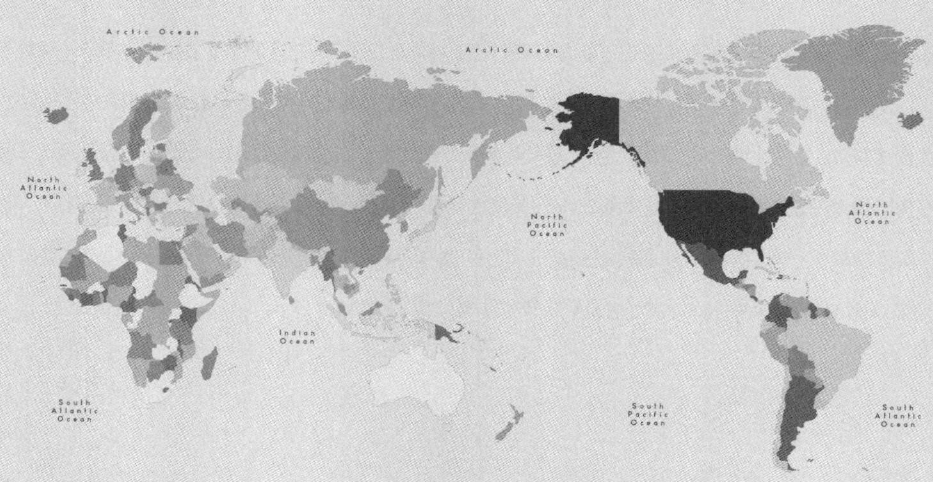

배경

미국은 매력적이고 도전적인 시장이다. 미국은 정치, 경제, 제도, 환경, 기술 등 거의 모든 면에서 선진 체제를 주도하고 있다. 미국 시장을 개척한다면 세계 어디서든 K-MEG 사업을 성공시킬 수 있을 것이다. K-MEG은 미국 시장 개척을 위해 2년여의 시간을 투자하였으며, MEG 사업을 성공시키기 위해 수많은 조건을 극복해야 했다. 그 중에서도 현지에서의 실적은 가장 큰 요소 중 하나였다.

오래된 고층빌딩이 많은 미국은 건물 리모델링 수요가 많은 시장이다. 사업은 '고층건물 에너지 효율화' 아이템으로 접근하였고, 특히 오피스빌딩 같은 상업 빌딩을 우선 대상으로 삼았다. 실제로 미국은 높이 200m 이상 혹은 50층 이상의 초고층 빌딩이 120여 개로 세계에서 가장 많다. 높이가 120m 이상 되는 고층빌딩은 총 1,000여 개로 그 중 60%가 뉴욕(400여 개)과 시카고(200여 개)에 집중되어 있다.

실증 개념

고층빌딩 리모델링 시장을 목표로 뉴욕과 시카고를 먼저 살펴 보았다. 과제 기획 단계부터 건물 소유주는 물론 부동산투자 금융회사, 종합부동산개발회사 등 광범위하게 사업 대상 건물을 섭외하기 시작했다. 실패를 거듭하며 2년여의 시간이 지난 후에 시카고 및 디트로이트의 2개 빌딩과 사업 협약을 맺게 되었다. 미국 선진 시장에서 K-MEG 사업, 나아가 대한민국 에너지 효율화 기술의 수출이 시작된 것이다.

그렇다면 사업 대상 빌딩 후보를 검토할 때는 어떤 기준을 적용할까? K-MEG은 과제 전담기관(정부측)의 권고사항을 기반으로 자체적인 기준안을 마련했다. 그 기준은 아래와 같다.

① 용도 : 상업 빌딩
② 규모 : 30층 이상 혹은 이에 준한 연면적(가능하면 50층 이상 초고층)
③ 연식 : 20년 이상(가능하면 30년 이상 노후화된 건물)
④ 인지도 : 지역 랜드마크(가능하면 글로벌 랜드마크)

기본적으로 후보 빌딩은 위 기준에 따라 선별되었다. 하지만 무엇보다도 사업화 성공 가능성이 높은지, 클라이언트가 적극적으로 지원해 주는지가 가장 중요한 기준이 되었다. 사업을 최초로 개척하는 시점에서 이러한 부분을 크게 고려하다보니 사업 대상이 최종 결정되기까지 수많은 실패와 어려움이 따랐다.

[K-MEG 미국 실증 : 시카고 몽고메리 빌딩]

[K-MEG 미국 실증 : 디트로이트 가디언 빌딩]

설계 및 구축

K-MEG 미국 건물에너지효율화 실증사업 과정을 구체적으로 살펴 보자. 미국 에너지 효율화 실증사업은 일반적인 에너지효율화 사업과는 그 진행과정이 조금 다르다. 미국의 K-MEG 실증사업은 과제기간이 짧아 차례대로 과정을 밟을 수가 없었다. 일반적으로 계절별 사전 모니터링을 포함한 사업타당성 조사(Feasibility Study)를 충분히 한 후에 본격적으로 사업을 시작한다. 다시 말해 정밀진단 단계 이후에 사업 계약을 맺는게 일반적이지만 미국사업은 아래 그림의 프로세스와 같이 사업 계약을 먼저 맺어야 했다. 게다가 사전 모니터링을 충분히 하지 못한 채 기존 설비 시설의 성능을 측정하는 것으로 진단을 마무리해야 했다.

[K-MEG 미국 실증 수행 프로세스]

먼저, 시카고 몽고메리 빌딩 실증사업을 살펴 보자. 몽고메리 빌딩은 2013년 6월 사업 계약을 맺고 2013년 12월 실시설계가 완료되었다. 이후 2014년 1월부터 2개월간 K-MEG 솔루션을 구축했다.

다음으로 디트로이트 가디언 빌딩 실증사업은 2013년 6월에 현장 실사를 한 후 MOU 체결을 맺었다. 9월에는 사업 계약 체결 및 건물 에너지 진단을 했고, 11월에는 K-MEG 콘셉트 설계 및 클라이언트 승인을 마쳤다. 12월에 동절기 설비 성능 측정 및 현지 M&E 시공업체 PQ 과정을 거쳐 2014년 1월 현재 엔지니어링 기본설계(Design Development, DD)를 진행 중이다.

현지 시공업체가 최종 선정 되면 실시설계(Construction Document, CD) 및 도면 현지화 작업을 거쳐 2014년 3월부터 약 3~4개월에 걸쳐 K-MEG 솔루션을 구축할 예정이다. 솔루션을 구축한 이후에는 커미셔닝 및 시운전, 성능검증(Measurement & Verification, M&V) 및 보완을 거쳐 실제 운영에 돌입하게 된다.

사업화 개념

미국 사업은 K-MEG이 갖춘 해외 진출 능력을 종합적으로 고려하고 분석하는 데서 출발한다. 분석해 보니 상업 빌딩 리모델링 시장이 가능성 있는 영역이었다. 상업 빌딩을 리모델링할 때, 건물 에너지 관리 시스템(BEMS) 설치와 업그레이드는 K-MEG이 우선 진출할 수 있는 영역이었다. 나아가 K-MEG 사업은 건물 에너지 관리 시스템(BEMS) 업그레이드를 중심으로 한 '에너지 효율화 시스템의 확장성'을 고려하였다.

여기서 시스템 확장성에 대해 몇 가지 예를 들어 설명해 보자.

에너지 효율화 시스템 확장성의 범주에는 BEMS(Building Energy Management System)와 FMS(Facility Management System)와의 통합 구축·운영, 다수 빌딩으로 구성된 대기업 캠퍼스 혹은 복합 빌딩 시설 등을 위한 다수 빌딩 통합관리(빌딩 그룹 관리), Demand Response Management System(DRMS)와 Automated Demand Response(AutoDR)의 접목에 의한 빌딩 자동수요관리 등이 있다. 조명 제어 등과 같이 각종 요소 기술을 적용한 절감방안(Energy Conservation Measure, ECM)을 추가(Add-on)하여 빌딩 에너지를 제어하는 것도 에너지 효율화 시스템 확장성의 범주에 속한다.

시카고 몽고메리 빌딩과 디트로이트 가디언 빌딩은 각각의 특성을 고려해 조금씩 다른 시스템을 적용했다. 몽고메리 빌딩은 주차장을 포함한 빌딩 공용부에 BAS 및 조명 제어 중심의 컴팩트한 BEMS를 적용했

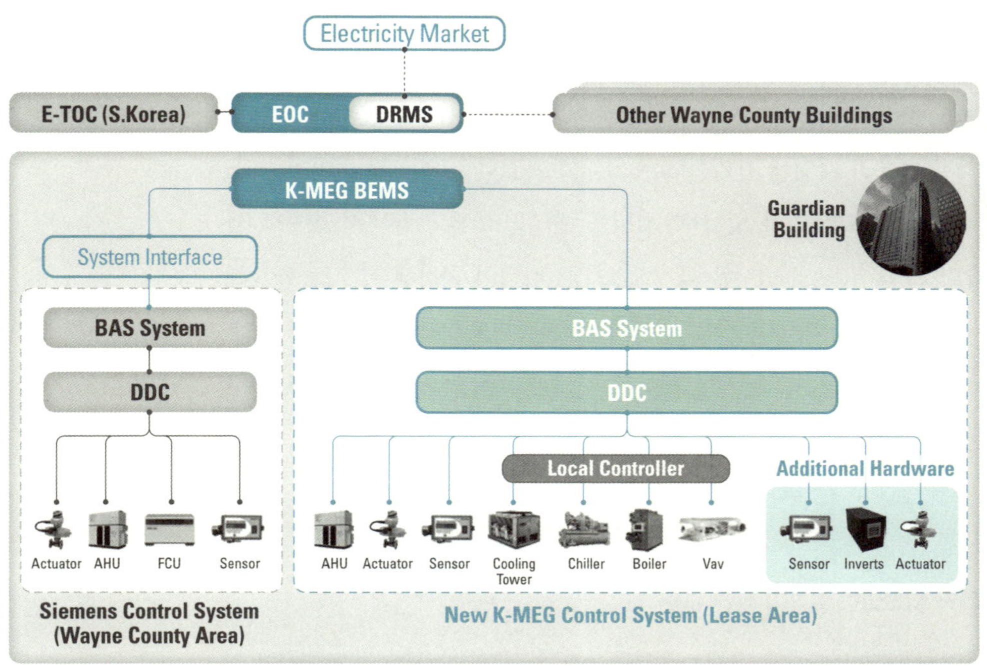

[K-MEG 미국 실증 구성: 디트로이트 가디언 빌딩]

다. 반면 디트로이트 가디언 빌딩은 빌딩 전체를 대상으로 BEMS 및 AutoDR을 적용하게 된다.

가디언 빌딩은 크게 2개의 다른 BAS 시스템이 개별적으로 운영되고 있다. 하나는 비교적 최근에 업그레이드되어 운영에 특별한 문제가 없었지만 다른 하나는 시스템이 노후화되고 수동조작으로 운영되어 작동이 제대로 되지 않았다. 가장 먼저 오래된 BAS를 K-MEG BAS로 교체했다. 그리고 잘 운영되고 있는 기존의 BAS와 인터페이스하여 BEMS와 연동할 계획이다. 나아가 에너지 운영 센터(Energy Operation Center, EOC)를 두어 DRMS 기능을 넣고 BEMS와 연계하여 빌딩 에너지 자동 수요관리도 함께하려고 한다. 가디언 빌딩에 구축될 EOC는 빌딩 소유주인 Wayne County청에 소속된 30여 개의 빌딩에 대해서도 향후 통합 관리가 가능하도록 한층 강화된 기능을 구현할 계획이다.

현재 진행 중인 K-MEG 미국 실증사업이 성공하면, 시카고 몽고메리 빌딩의 부동산종합관리회사 소속 수십 개의 빌딩과 디트로이트 가디언 빌딩 소유주 Wayne County청 소속 수십 개의 빌딩도 K-MEG의 에너지 효율화 사업에 참가한다는 기대를 가질 수 있다. 더 나아가 미국 내 중소 규모의 기축 및 신축 빌딩을 대상으로 빌딩 에너지 효율화 사업과 중대 규모의 빌딩을 대상으로 DR 사업이 확장될 것으로 판단하고 있다. 현재 미국은 상업 빌딩이 400만여 개로 리모델링, 유지보수(retrofit), 빌딩 시스템 업그레이드, 수요관리 등의 사업 기회가 무궁무진한 곳이다.

미국 리모델링 실증이 남긴 교훈

선진국에서 사업을 개척하려면 많은 어려움과 난관을 극복해야 한다.

각 국가들은 사회, 문화, 제도, 법률, 언어 등에 걸쳐 크고 작은 차이점이 있다. 중요한 점은 이런 차이를 사전에 충분히 파악하고 이해해야 한다는 것이다. 그리고 이를 바탕으로 사업적 마인드를 높여 커뮤니케이션 능력을 개선할 필요가 있다. 하지만 K-MEG 과제는 현실적으로 시간이 충분하지 않았다. 직접 부딪히며 겪었던 경험들이 결국 가장 큰 결과로 남았다.

그동안 수많은 클라이언트와 사업제안 미팅을 하며 공통적으로 받았던 질문이 있다. "K-MEG의 실체가 무엇인가?" "획기적이고 차별적인 기술은 무엇인가?" "사업 혜택은?" "향후 유지보수는?" 등등이다. 그 중에서도 근본적으로 어려웠던 질문은 K-MEG이 미국 시장을 개척하려고 하는 궁극적 목적과 연관된 것이다. "해외 경험과 이 나라에서의 실적?"이라는 질문에 발목을 잡힌 경우가 많았다. 많은 클라이언트가 자기 건물이 첫 사업 대상이 되는 것을 매우 꺼려했다.

가장 먼저 클라이언트와 커뮤니케이션이 시작되면 사업 타당성을 분석하고 사업 수행에 영향을 미치는 각종 리스크를 파악한다. 이 과정을 거쳐 사업 참여를 결정하고 마침내 사업 협약에 이르게 된다. 해외 사업이기에 리스크를 충분히 고려하지만, 국내의 상황과 달라 예측하지 못한 여러 경우가 내외부적으로 발생한다. 이런 면에서 K-MEG 미국 실증 사업은 더욱 까다로웠다. 실제 건축시공 사업에 준하여 접근했지만 국가 R&D 과제의 성격으로 인해 사업 수행에 제약이 따랐다.

해외시공 사업 참여 결정에 영향을 미치는 요인은 계약 법규와 언어, 분쟁 시 해결 방법, 지불 방법, 적용 환율, 지불 기간과 시기, 관세 조건, 노동 조건, 재무 조건 등이 있다. FIDIC(International Federation of Consulting Engineers)의 계약 조건에 따르면, 공사 유형, 공사 재원, 각종 보증 및 보험, 시공 예가 및 공사 기간의 적정성, 계약 조건, 시공 외적인 제약 조건, 협력업체 수준, 인력 조달, 자재 조달, 시공 장비 조달, 현장 여건 등의 수많은 요건을 고려해야 한다. 특히, 계약 방법, 지불 시기, 재원, 보증 및 보험, 시공 외적인 제약 조건 등이 K-MEG 사업 대상에 따라 장애가 되기도 했다. 국가 과제 특성상 연간 단위로 과제 협약을 하고 과제 예산이 달라져 계약 방법, 지불 시기, 재원 등과 관련한 협의에 어려움이 많았다.

시행책무와 연관된 각종 보증(지급보증, 이행보증 등)과 보험 제출 또한 재원, 계약 체계 및 시공 하청업체와 관련하여 어려움을 겪었다. 보증증권의 경우, 대상 빌딩의 유형과 가입 기업의 신뢰성 등에 따라 비용이 크게 달라진다. 가령 K-MEG 사업 대상으로 고려되었던 뉴욕주립대 대학병원의 경우, 이행보증증권 가입 비용이 수억 원에 달했다.

미국에서 K-MEG 사업과 관련한 시공 외적인 제약 조건을 보면, 지역적 조건과 관련이 많다. 사업이 벌어지는 시(city)와 특히 주(state)에 따라 조건들이 다르다는 점을 인지할 필요가 있다. 시공 법규, 승인 조건, 고용 조건, 에너지 효율 관련 요건 및 권장 사항 등에서 요구 조건이 다르기 때문에 사업 계획과 설계에 주의하여 반영하여야 한다.

좀 더 구체적으로 말하면, 몽고메리 사업은 시카고 시와 일리노이 주에 따라, 가디언 사업은 디트로이트 시와 미시간 주에 따라 목적지로 가는 길이 달라진다. 가령 에너지 진단업체, 설계업체 및 시공업체는 각 사업 해당 주에 등록된 면허를 보유한 업체에 한하며 실제 시공은 각 해당 주 노동조합에 가입된 인력을 고용하여 시행해야 한다. 시공도서 현지화 작업 그리고 성과검증(M&V)에서도 현지 업체와의 협력이 필요하며, 기자재 및 장비의 일부는 현지 vendor를 통해 구매 · 조달하여야 한다. 또 다른 예로, 시카고에서는 가스를 에너지원으로 활용할 수 없는 시공 외적인 제약도 있다.

향후 과제

K-MEG 실증을 통해 얻은 교훈들을 기반으로 향후 원활한 사업 수행을 위해 몇가지 제언하며 글을 마무리하고자 한다. 다음과 같이 세 가지 측면으로 나누어 볼 수 있다.

첫째, 사업 수행 단계별로 현지 업체와의 협력체계를 잘 갖추어야 한다. 현지의 피고용주(현지 업체)가 외국의 고용주(한국 기업)를 파악하기 힘든 상황이기 때문에, 피고용주가 고용주에 대해 사전 평가와 리스크 분석을 까다롭게 할 수도 있다. 현지 시공업체의 경우, 고용주의 제품 및 기자재에 대해 신뢰성을 의문시하며 고용주에 자칫 불리한 협상을 하곤 한다. 전혀 이력이 없는 한국 기업이 이를 해결하기 위해서는 현지에서의 협력 체계를 잘 갖추고 실적을 차근차근 쌓아가야 하겠다.

둘째, 현지의 문화를 이해하고, 행정적인 절차와 처리를 위한 인력과 시간을 투자해야 한다.

마지막으로 해외 시장 개척에는 기업 또는 컨소시엄의 내부적인 현실을 극복해야 한다. 부족한 해외 경험과 실적, 부족한 시장 분석과 마케팅 역량, 부족한 네트워크를 메우기 위한 적극적인 투자 그리고 의지와 열정이 무엇보다 필요하다.

많은 장애물을 넘어 K-MEG은 미국 시장에 첫 발을 내딛었다. 현재, 시카고의 몽고메리는 시공이 완료되었고, 디트로이트의 가디언 빌딩은 시공이 진행 중이다. 이제 목표했던 에너지 절감을 검증하는 일이 남아 있다. 우여곡절 많았던 K-MEG 미국 실증이 향후 국내 기업들의 해외 진출에 조금이나마 긍정적인 영향을 줄 수 있도록, 실증의 마지막까지 최선을 다할 것이다.

식지 않는 열정,
해외 진출의 목마름을 채우다

미국 사업에 제가 파견되었습니다. 미국 선진 시장 개척이 제겐 큰 경험이 될 것 같아 도전했습니다. 이번 사업의 협약까지 걸어온 길은 그야말로 산 넘어 산을 넘는 험난한 여정이었어요. 그만큼 큰 성취감을 안겨주기도 했고요.

첫 걸음은 뉴욕에서 시작했죠. 2011년 초 K-MEG 기획 단계 중 뉴욕 맨하튼 월스트리트 인근에 위치하고 1932년 완공된 67층 70 Pine Street 빌딩(구 AIG Tower로 잘 알려진 빌딩)을 섭외했습니다. 느낌은 좋았어요. 그 당시 한국계 부동산 개발업체와 금융회사가 함께 투자해 건물을 사들였습니다. 리모델링을 진행한 후에 되판다는 전략으로 사업이 진행되었죠. 리모델링 계획이 있었기에 K-MEG과 손을 잡으면 서로에게 이득이 된다는 공감대가 형성되었습니다.

그러나 예기치 못한 상황이 벌어졌습니다. K-MEG이 막 시작된 2011년 여름, 빌딩이 매각되어 소유주가 갑자기 바뀌게 되었던 거죠. 비밀스럽게 진행된 매각이라 새로운 소유주와 K-MEG 사업을 논의할 기회조차 갖지 못했어요. 그 뒤로 6개월 간 삼성물산 건설 부문 미주법인(LA 인근 위치), 종합부동산 개발회사 CBRE 시카고 지점 등과 접촉하여 캘리포니아주와 시카고 지역을 중심으로 병원시설, 시청사, 대기업 본사 건물 등 10여 군데를 검토했지만 좋은 결과를 얻지 못하였습니다. 동시에 시카고에서 진행하였던 KISBI 사업 대상 건물을 K-MEG 사업으로 잇는 방법도 추진했지만 성사되지 못했어요. 일리노이 측의 다소 무리한 제안이 있었고, 이해관계가 복잡했거든요. 그래도 건물 섭외는 계속 시도했죠. K-MEG 1차년이 끝날 무렵 드디어 한줄기 희망의 빛을 보게 되었습니다. 뉴욕주 롱아일랜드에 위치한 뉴욕주립대 대학병원(SUNY Stony Brook University Medical Center)과 K-MEG 사업 추진에 대한 양해각서를 체결한 거죠. 현장 실사까지 순조롭게 진행되었고 사업 협약서 초안이 오가며 한 차례 검토가 이루어졌습니다.

하지만 협상 과정에서 커뮤니케이션 부족, 주정부 승인 절차, 사업 일부에 대한 공동 투자 등을 극복하지 못해 또다시 쓴잔을 맛봐야 했습니다. K-MEG 2차년에 걸쳐 6개월여 동안 공을 들였기에 무척 아쉬웠지요.

그렇게 또다시 건물 섭외가 이어졌습니다. 종합부동산 개발업체 Jones Lang LaSalle, Cushman & Wakefield 등과 사업 제안 미팅을 하였고, 삼성물산 건설부문 미주법인이 다시 움직였습니다. 이번엔 텍사스 주 달라스가 레이더에 잡혔습니다. 대상은 프로농구 NBA와 프로아이스하키 NHL 달라스 구단이 홈 경기장으로 이용하는 다용도 실내 복합경기장이었죠. 미국 프로구단이 경기를 갖는 건물이었습니다. 이곳은 2개 프로구단이 함께 사용해 운영 시간이 밤에 집중되는 특징이 있었어요.

현장 실사가 순조롭게 진행되었고 사업 제안 미팅 후 2개월이라는 비교적 짧은 시간에 협약서를 작성하는 단계까지 갔습니다. 잘 진행되는가 싶었죠. 그러나 이게 무슨 일입니까? 협약서 작성은 끝이 보이지 않을 정도로 지루하게 늘어졌어요. 문제 하나가 해결되면 다른 문제가 생겼고, 협약서 조항 하나가 마무리되면 다른 조항을 검토해야 했습니다. 마치 끝없는 계단을 오르는 것처럼 너무 힘이 들었죠.

협약 방식, 협약 구도, 사업 범위와 디테일의 정도, 사업 예산, 국책과제의 특성 등에 걸쳐 협의점을 쉽게 찾지 못하고 방향을 잃어갔습니다. 고민을 너무 많이 하여 불면증까지 겪기도 했어요. 그렇지만 여기서 멈추지 않겠다는 오기가 생기더라고요.

K-MEG은 포기하지 않고 또 달렸습니다. 다시 뉴욕으로, 시카고로, 그리고 디트로이트로 달린 끝에 2개의 빌딩과 협약을 맺고 사업을 수행하기에 이르렀습니다. 하나는 시카고 지역의 28층 몽고메리(Montgomery) 빌딩, 다른 하나는 디트로이트 지역의 40층 가디언(Guardian) 빌딩입니다. 그야말로 7전 8기란 말이 무색할 정도로 눈물겨운 순간이 아닐 수 없었습니다. 드디어 북미 선진시장에서 K-MEG 사업은 활로를 찾은 것입니다. 벌써 일이 진행된 지 3년 차가 되었네요. 저 고민만 과장 이번을 계기로 정말 소중한 경험을 했습니다.

02

핀란드의 캠퍼스 MEG

지역 열원과 전기의
효율적인 활용을
단지 차원에서 모색하다

배경

유럽 지역의 K-MEG 레퍼런스는 캠퍼스 시장을 대상으로 하였다. 대형 건물 리모델링 시장 이외에 단지형 에너지 모델 적용 사례가 가장 많은 것이 바로 학교 캠퍼스이다. 학교 캠퍼스의 경우, 연구의 일환으로 신기술을 시범적으로 적용하는 사례가 많은데, 이러한 개방적 마인드로 인해 MEG 시장 초기의 잠재력이 큰 것으로 분석되었다.

K-MEG 캠퍼스 모델 실증은 핀란드의 오타니에미 연구단지로 결정하였다. 오타니에미 연구단지는 수도 헬싱키에서 서쪽으로 8km 정도 떨어진 에스포 지역에 위치해 있다. 이곳은 북유럽 최대 규모의 연구기관인 VTT 연구소 및 알토대학, 크고 작은 핀란드 국립연구소가 모여 있을 뿐만 아니라 주변으로 Nokia, Tekla, Rivio사와 같은 기업이 연계되어 핀란드 산학협력의 산실이기도 하다.

K-MEG은 VTT 연구소와 함께 오타니에미 캠퍼스 에너지 효율화를 위한 중장기 계획을 수립하고, K-MEG 과제의 역할과 범위를 구체화해 나갔다.

[핀란드 오타니에미 연구단지 전경]

2008년 핀란드 정부는 새로운 기후 및 에너지 전략을 채택하였습니다. 2020년까지 집행위원회(EC)의 20-20-20 목표를 달성하는 것이죠. 20-20-20 목표는 2020년까지 온실가스 20% 감축, 에너지 효율 20% 증가, 신재생에너지 사용비율 10%를 달성하는 겁니다. 이 목표를 위해 여러 가지 방안은 물론 2050년까지의 장기적인 제안도 계획되어 있습니다. 결국 에너지 소비 성장률을 감소시켜 2020년 최종 에너지 소비를 310TWh(2011년 수준)로 유지하는 것이 핀란드 정부의 전략입니다.

더불어 핀란드 정부는 에너지 안보를 높이기 위해 바이오 에너지와 원자력 에너지를 주요 에너지원으로 삼는다는 계획이 있습니다. 풍부한 산림자원 덕분에 목재 부산물을 활용한 바이오매스 자원화 및 바이오 연료에 주력할 수 있답니다.

실증 개념

K-MEG은 핀란드 오타니에미 연구단지 전체의 에너지 효율화에 대한 장기적 비전을 제시하였고, 3년이라는 K-MEG 과제 기간 동안 완결되는 형태가 아닌, 중장기적인 계획 속에서 3년간의 범위와 목표를 설정하였다. 이 기간 동안 단지 전체의 에너지 모니터링 시스템을 구축하고, 주요 용도별 건물을 선정하여 효율적인 운영 방안을 통해 에너지 사용량 15%를 절감하고자 하였다. 이와 동시에 중장기적이고 능동적인 에너지 효율화 사업안을 제시하였다. 오타니에미 연구단지에는 연구시설, 강의시설, 일반 사무시설, 집회시설, 숙박시설 등이 다양하게 분포되어 있어 건물별로 필요한 에너지 부하의 크기와 형태 또한 다양하다. 따라서 이들 건물을 그리드로 연계하였을 경우 효율화 가능성이 높을 것으로 예측되었다.

설계

K-MEG은 핀란드 오타니에미 연구단지 실증에서 장기적 에너지 효율화 사업의 기반 인프라인 모니터링 시스템 구축에 힘을 쏟았다. 연구단지의 전체 80여 개 건물의 에너지 사용량 정보를 통합하여 모니터링하고 관리하는 시스템을 계획하였다. 마이크로 에너지 그리드로 엮었을 때의 효과를 위해서는 어떤 건물이 언제 어떤 에너지를 얼마만큼 필요로 하느냐의 상세한 데이터가 필요하고, 이와 같은 기본 데이터 확보를 위해서는 오타니에미 연구단지 전체를 통합하는 에너지 관리 시스템이 필수적이다.

전체 에너지 관리 시스템은 다양한 방식으로 진행되었다. 우선, 단지 전체 에너지 사용 현황 파악을 위해 기존 미터기 데이터를 하나로 통합하기로 하였다. 이와 함께 연구단지 내 8개 건물을 선정하여 집중적으로 새로운 기술을 실증하였다. 컴퓨터 공학관, 기계 공학관, 산업 공학관, 학생회관, 컴퓨터랩, 호텔, 기숙사 2동이 K-MEG 상세 실증 대상 건물로 선정되었다.

오타니에미 연구단지 실증에서는 마이크로 에너지 그리드 구현을 위해 필요한 기초 연구도 병행하였다. 건물 준공 전, 에너지 시스템이 규모에 적합하게 잘 설계되었는지 그 설계대로 구축되어 제대로 운전되고 있는지를 확인하는 커미셔닝의 개념을 발전시켜, 건물 운영 기간에도 지속적으로 어떻게 운전되는지 파악하며 조정하는 방식의 새로운 커미셔닝 절차의 이론을 정립하고, 상세 실증을 위해 선정된 건물에 적용하였다. 이를 통해 건물 운영의 문제점을 파악하고 개선하는 일을 지속적으로 수행할 수 있다. 이러한 모니터링 기반의 커미셔닝을 통해 'No Cost Low Cost' 전략의 개선안을 우선적으로 적용하여 에너지 운영 효율을 높임과 동시에, 근본적인 문제점 개선을 위한 중장기적 솔루션도 제공하였다.

마이크로 에너지 그리드의 또 다른 기초 연구로서, 건물 에너지 효율화에 있어 무엇보다 중요한 것은 건물에서 생활하는 사람들의 쾌적도를 해치지 않아야 한다는 점에 주목하였다. 이를 위해 실내 쾌적도와 에너지와의 상관관계를 나타낼 수 있는 주요 인자에 대한 연구도 병행하였다.

기술개발 및 적용으로는 핀란드 연구진과 공동으로 개발한 장치별 전력 모니터링(Nonintrusive Appliance Load Monitoring, NIALM) 미터기, 국내 기술로 개발한 저가형 실시간 (저장주기 1초) 전력 미터기, 광교테크노밸리 실증에서 개발한 K-MEG 건물 에너지 관리 시스템 (N-BEMS), 스마트폰을 활용하는 사용자 피드백 등이 계획되었다. 전체 데이터는 MEG-DataHub에 모여 로컬 에너지 운영 센터 (Local Energy Operation Center, LOC)에서 표출되며, 운영과 가격 결정 등의 알고리즘 개발은 다음 단계에서 진행하기로 하였다.

현재모습

오타니에미 연구단지는 현재 어떤 모습을 갖추고 있을까? K-MEG은 단지 전체의 건물별 전력, 지역열원, 상수도 사용량을 한 시간 단위로 모니터링하는 시스템을 구축하여 모니터링 기반 커미셔닝을 수행 중에 있다. 이를 위한 컨트롤 타워로서 로컬 에너지 운영 센터(LOC)를 구축하였다. 건물의 건축 정보 및 설비 시스템의 물리적 정보와 에너지 사용현황을 통합하여 모니터링 중이며, 통합 데이터 취득 시스템으로 모인 데이터를 기반으로 제어 시스템 구축이 진행 중에 있다. 구축된 모니터링 및 제어 시스템은 K-MEG 실증 이후에도 계속 오타니에미 연구단지의 통합 에너지 관리를 위한 인프라로 활용될 예정이다. 과제 종료 후에도 이곳 에너지 데이터를 활용한 분석은 계속될 것이다.

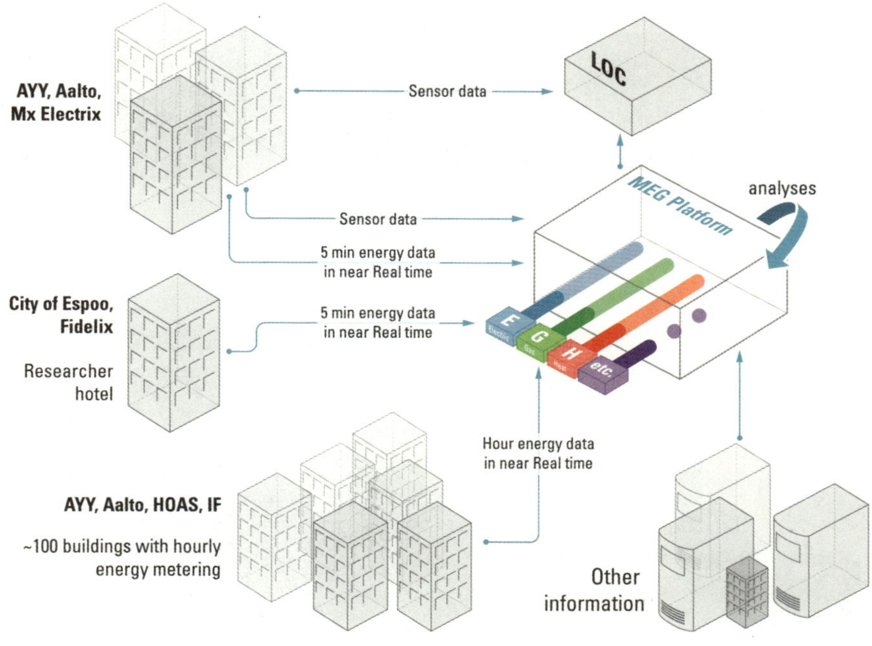

[K-MEG 핀란 실증 오타니에미 캠퍼스 모니터링 시스템 구성]

[컴퓨터랩]

[학생회관]

[컴퓨터공학관]

[호텔]

[산업공학관]

[기계공학관]

[기숙사]

[K-MEG 핀란드 실증 : LOC]

[K-MEG 핀란드 실증 : LOC 서버실]

[K-MEG 핀란드 실증 : LOC 화면]

핀란드와 공동연구로 개발한 장치별 전력 모니터링(Non Intrusive Appliance Load Monitoring, NIALM)이 가능한 미터기와 국내 연구진이 개발한 실시간 모니터링이 가능한 저가형 미터기를 기숙사 2동에 설치하여 운영하고 있다. 미터기에서 파악된 장치별 전력소모는 스마트 플러그의 결과와 비교 분석 중이다. 주거동에서 실험 중인 두 가지 미터기를 통해 수집된 데이터는 스마트폰 어플리케이션과 연동되어 실시간으로 거주자에게 피드백되고 있다. 향후 장치별 전력 모니터링용 미터기는 규모가 큰 나머지 연구동에도 설치하여, 복잡한 대형 빌딩의 장치별 전력 모니터링을 위한 연구를 진행할 계획도 가지고 있다.

기존에 설치된 BAS의 하드웨어를 활용한 건물 에너지 관리시스템(Building Energy Management System, BEMS)이 적용되었다. 관련된 모든 데이터는 MEG-DataHub에 저장되고 있으며, LOC는 모든 에너지 데이터를 시각화하여 관제할 수 있도록 구축되어 있다. 면적당 에너지 사용량 비교 및 전일 사용량 비교 등과 같이 다양한 정보를 볼 수 있다. LOC의 서버 및 관제실은 VTT 컨퍼런스용 건물이자 알바알토의 작품 중 하나인 발리모(Valimo) 건물에 구축되어 있다.

에너지와 실내 환경 만족도의 관계 및 에너지 분야의 주요 성능 지표를 연구하기 위하여 건물 사용자 98명을 대상으로 에너지 관심도에 대한 설문조사를 실시하였다. 대부분이 실내 환경 인자 중에서 실내 온도를 가장 중요하게 생각한다고 응답하였으며, 에너지 사용량이나 비용보다는 실내 환경의 질에 훨씬 관심이 높은 것으로 조사되었다. 에너지 정보에 대한 주요 성능 지표 조사에서는 기기별 에너지 사용량에 대한 정보

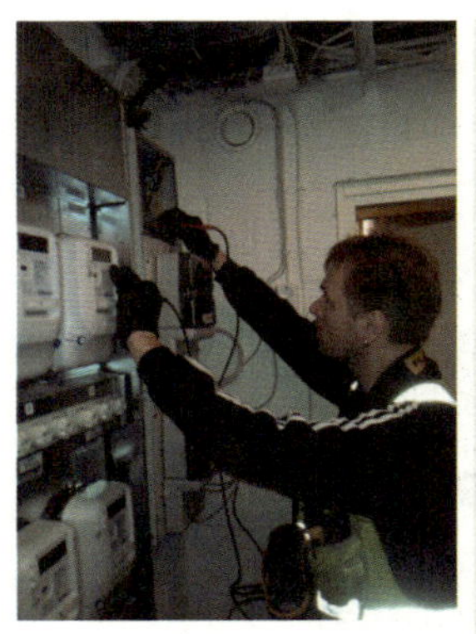

[K-MEG 핀란드 실증 :
NIALM 전력 미터기 설치 모습]

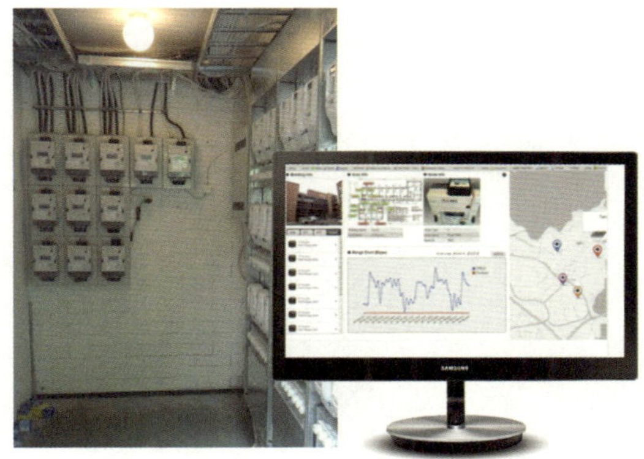

[K-MEG 핀란드 실증 :
저가형 실시간 전력 미터기]

[K-MEG 핀란드 실증 :
실시간 전력 모니터링 화면]

를 가장 궁금해 하였으며, 복잡한 에너지 사용량 정보보다는 에너지 절 감에 대한 명확한 지침을 원했다. 이와 같은 설문 결과는 스마트폰 사용 자 피드백 어플리케이션 개발에 반영되었다.

오타니에미 연구단지 실증에서는 MEG-DataHub의 기능이 가시화 되었다. 고속 시계열 데이터 베이스 및 사용자 인증 등의 기본 성능 이 구현되었다. 환경 센서와 장치별 전력 모니터링을 위한 전력 미터 는 환경변화를 실시간으로 인식할 수 있도록 1초마다 값을 저장한다. 4,000~5,000여 개에 달하는 건물별 BAS 데이터가 실시간 또는 10초 단위로 저장되고 있어 하루의 데이터만도 상당량이다. 그 과정에서 대 용량 데이터 처리에 효과적인 시계열 데이터 베이스 구축이 필요했고, MEG-DataHub는 성공적인 대안이었다.

MEG-DataHub에 모인 오타니에미 연구단지의 에너지 데이터는 여러 가지 가능성을 보여주었다. 이 과제의 궁극적 목표인 에너지 사용 15% 절감을 입증했고, 연구 초기 단계인 대용량 건물 에너지 데이터의 분석 및 활용방안을 제시했다.
지금은 MEG-DataHub 데이터 베이스의 자료를 쉽게 검색하고 분석할 수 있는 데이터를 다운로드 할 수 있는 연구자용 브라우저가 개발되어

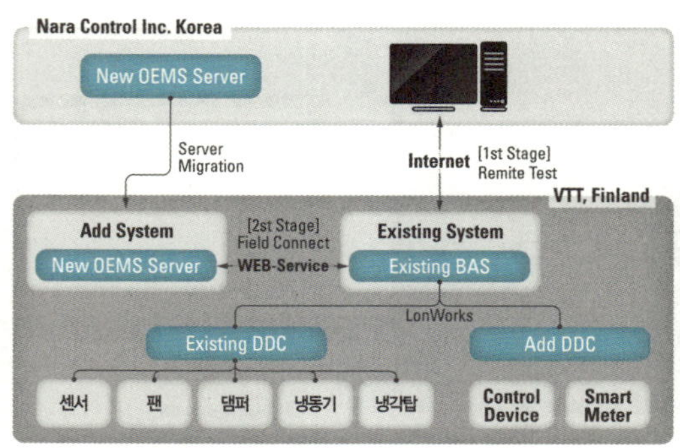

[K-MEG 핀란드 실증 : N-BEMS]

사용 중이다. 분석에 필요한 모듈도 쉽게 추가하여 연구자용 패키지로 구성할 수 있다. 기본적인 미터기 데이터와 사용 중인 어플리케이션 조사 자료를 통해 대기전력 모니터링 이상 유무를 확인할 수 있는 서비스 어플리케이션도 개발 중에 있다.

MEG-DataHub 서비스의 장점은 BEMS라는 패키지에 포함되지 않은 새로운 서비스들을 누구나 개발하여 연동가능하다는 점이다. 오타니에미 연구단지 실증에서는 BEMS 또한 하나의 패키지화된 서비스 어플리케이션 중 하나이며 MEG 플랫폼 상에서 운영되는 구조이다. 스마트폰 사용자 피드백 또한 이러한 구도 상에서 개발된 서비스 어플리케이션이

[MEG 핀란드 실증 : 스마트폰 사용자 피드백 서비스]

다. 거주자의 쾌적성을 위해 재실자의 수와 활동량, 옷 입은 정도까지 고려해 최적의 에너지 사용량 예측 알고리즘을 개발하여 현재의 사용량과 비교하는 서비스 어플리케이션도 적용 중이다.

향후 2030년까지 지속적으로 수행하게 될 오타니에미 연구단지의 MEG 사업 방안으로서 히트펌프를 활용한 양방향 지역난방 시스템이 검토 중에 있다. K-MEG 과제를 통해 도출된 이 시스템은 현재 단지 전체에 도입 시 경제성을 검토 중이다.

향후 과제

우리나라에서도 최근 몇 년간 하절기와 동절기 피크 수요 감축을 위해
대형건물이나 관공서 건물의 냉난방을 제한하고 있다. 하지만 이런 일
방적인 셧다운 제도는 만만치 않은 부작용을 보이고 있다. 수치 우선의
에너지 절감은 건물 안의 사람들의 불만족도를 높인다. 핀란드 오타니
에미 연구단지에서도 사용자는 절대적으로 에너지보다 환경의 질을 선
택하고 있었다. 냉난방이 보편화된 도시 지역에서 실내 쾌적성은 에너
지 효율화의 전제조건이 되고 있다.

또 하나 점검해야 할 점은 이미 널리 사용되는 기술이 새로운 어플리케
이션에서 얼마나 안정적으로 작동하는가이다. 무선 데이터 전송 및 디
지털 신호 제어 등과 같이 이미 보편화된 기술이라 할지라도 건물 에너
지 관리라는 새로운 영역에서 사용할 경우, 때에 따라 무선 데이터 전
송이 원활하지 않은 경우가 발생할 수 있다. 새로운 ICT 융합 어플리케
이션이 실제 빌딩에서 활용되기 위해서는 안정성에 대한 대비도 필요
하다.

K-MEG 과제는 철저히 에너지 소비자 그룹 즉 건물주, 운영관리자, 거
주자의 시각을 대변한다. 이러한 관점에서 6개 BAS 사별 관제 모니터
가 모인 기존의 중앙 모니터링실을 주목해야 한다. 이기종 BAS를 통합
관리하기 위해 BAS 사와의 접촉이 시작됐지만 글로벌 대기업의 협조를
받는 일은 매우 어려웠다. 현재 설치된 BAS 데이터를 저장 및 관리하려
면 해당 BAS 사에 추가적인 비용을 부담해야 한다. 건물 자체의 정보를
업체로부터 재구매하는 시스템이다. 그나마 오픈 프로토콜을 사용하는
로컬 업체와의 협업은 순조로운 편이었다. 글로벌 BAS 기업의 독식체
제 하에서 건물 에너지 정보의 소유권과 운영권에 대한 소비자적 입장
의 고민이 더욱 필요할 것이다.

3년의 K-MEG 과제 기간 동안, 모니터링 기반 커미셔닝이라는 주제 하에 다양한 연구개발과 실증을 진행하였다. 하지만 오타니에미 연구단지의 실증은 이제 시작이다. 지속적인 커미셔닝이라는 방법론과 시계열 데이터 베이스를 갖춘 모니터링 시스템을 갖추었으니 이제 다음 단계인 자동 운영과 제어 시스템을 구축할 차례이다. 다음 단계에서는 시뮬레이션에 머물렀던 지역 난방 효율화에 대한 실증도 기다리고 있다. K-MEG 오타니에미 연구단지 실증은 이렇게 2030년 오타니에미 연구단지의 마이크로 에너지 그리드 구축의 1단계로 마무리되지만, K-MEG이 뿌려 놓은 다양한 씨앗들이 향후 좋은 결실을 맺기를 바란다.

다양한 시스템들을
하나로 블록화

이곳의 실증을 어떻게 했는지 실행과정을 살짝 귀띔해 드릴게요. 실증 대상지는 VTT 연구소와 알토대학을 주축으로 3만여 명이 상주하는 오타니에미 캠퍼스의 80여 개 건물군이 선정되었습니다. 이 기관들의 건물은 핀란드 국립부동산회사인 세나티 부동산회사와 알토대학교 부동산회사, 학생회, 헬싱키 학생주택재단, 스웨덴어 사용 학생회가 소유, 운영하고 있죠. 먼저, K-MEG 사업단은 건물 소유주체인 세나티 부동산회사, 알토대학교 부동산회사와 공동협약을 맺고, VTT의 연구진과 함께 연구단지 에너지 효율화 사업에 착수했습니다. 이후 3개의 학생회에서도 참여했고요.

다음으로 건물 운영관리사와 협업을 이루어야 했습니다. 기본적인 운영 및 관리에 대한 현황 파악과 건물의 설비, 전기, 제어 시스템에 대한 정보 등은 2개의 운영관리사를 통해 제공되었어요. 학생회 소속의 작은 건물은 학생회가 자체적으로 운영과 관리를 담당하고 있었는데요. 이런 건물은 각종 건축도서를 찾아보는 일조차 쉽지 않은 상태였죠. 나머지 건물들은 에너지뿐만 아니라 건물 하자 보수 및 방재, 방범까지 패키지로 서비스하는 운영관리사에서 담당했습니다.

[오타니에미 캠퍼스 기존 중앙 모니터링 실의 6개 BAS 사별 관제 모니터]

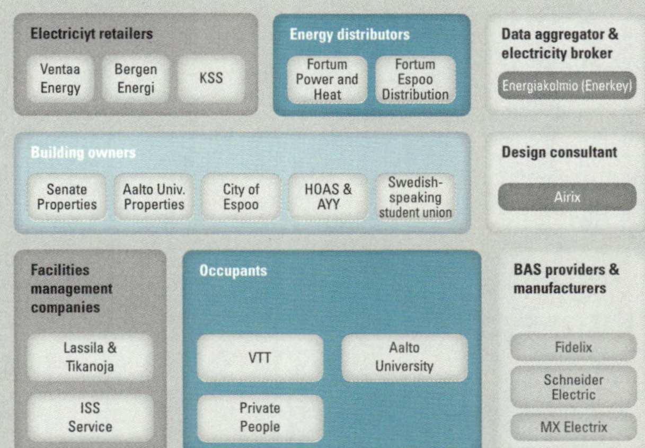

[K-MEG 핀란드 실증 관련 기관]

아, 이거 아시나요? 건물에 공급되는 에너지는 크게 지역열원과 전기인데요. 에너지 도소매시장에서 에너지 사의 경쟁을 통해 한 회사가 지역열원과 전기를 공급하게 됩니다. 문제는 한 지역의 에너지 서비스 업체가 결정되고 나면 다른 업체와의 신규 계약이 힘들어 사실상 독점과 다름이 없다는 거예요. 오타니에미 연구단지 건물의 용도는 학교, 연구소, 기숙사, 집회시설 등으로 건물주가 건물을 직접 사용하는 형태가 아니에요. 기숙사도 실제 사용 요금이 아닌 렌트비에 포함된 형태로 에너지 비용을 납부하죠. 이런 경우 건물 사용자 개개인이 자발적으로 에너지 절감에 대한 필요성을 인식하기 힘들다는 어려움이 있어요.

이제 건물주와 계약을 맺고 건물 운영 및 관리사와의 협조도 이루어졌으니, 건물의 에너지 효율화를 위해 반드시 만나야 할 업체가 있습니다. 바로 기존 건물 자동화 시스템 업체죠. 실제 건물 운영 및 관리사에서 파견한 엔지니어들은 건물 자동화 시스템(Building Automation System, BAS)에 대한 이해도가 높지 않아요. 역시 시스템 운영은 대부분 이전 관리자가 세팅해 놓은 값들로 일정하게 사용되고 있었어요. 만약 문제가 일어나면 간단하게 이상유무를 확인한 후에 BAS 사에 연락을 하더라고요.

여기서 이해해야 할 점은 이런 시스템이 엔지니어의 기술적 이해와 문제해결 능력에 기인하지만은 않는다는 겁니다. 왜냐하면 80여 개 빌딩에 적용되어 있는 BAS의 종류가 빌딩 별로 거의 다르기 때문이에요. 기본적으로 6개의 BAS에서 제공하는 다른 버전의 시스템들이 건물별로 운영되고 있었거든요. 이 점은 건물군을 하나로 블록화 한다는 K-MEG 시스템의 궁극적인 목표로 가기 위해서 반드시 넘어야 할 현실이었습니다.

03

미얀마의 OFF GRID

지역의 특징에
적합한 방법으로
에너지를 생산하고
소비하다

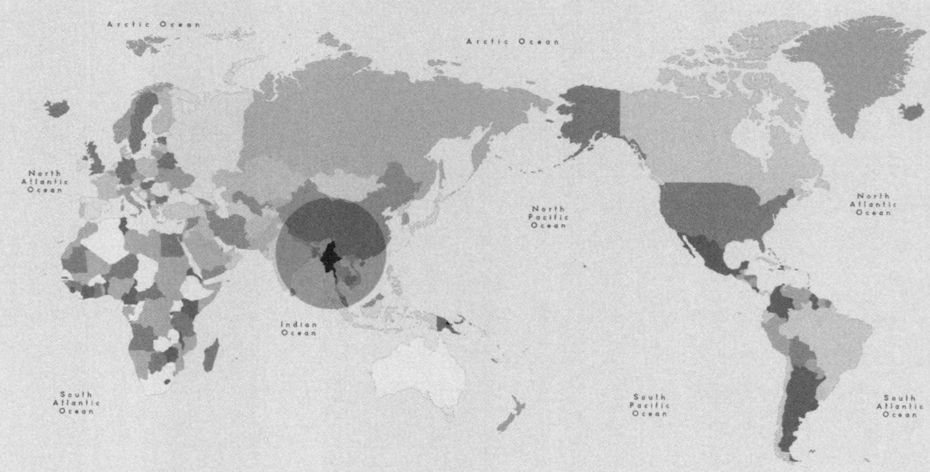

배경

국제 에너지 기구(International Energy Agency, IEA)의 2009년 통계에 의하면 전 세계 인구의 18%에 달하는 1억 4506만 명이 넘는 사람들이 전기가 공급되지 않는 지역에 거주하고 있다. 매크로 그리드로부터 전기를 공급받기 어려운 도시 외곽 지역에 전기를 공급하는 방법으로서 마이크로 에너지 그리드(MEG)는 좋은 대안이다. MEG는 지역의 특징에 적합한 방법으로 에너지를 최적으로 생산하고 소비할 수 있다. 현재 개발도상국에서는 국제 원조 기금을 활용한 에너지 공급 사업이 활발히 진행되고 있으며, 특히 자연에서 영구적으로 얻을 수 있는 재생에너지를 활용한 시스템이 적극 도입되고 있다. K-MEG도 이러한 해외 Off-Grid 시장 개척을 위해 나섰다.

미얀마는 우리나라 국토 면적의 약 6.7배인 676,578㎢이며 인구수는 5천 5백만 명에 이른다. 인구의 약 70%는 버마족이며 북부 지역에는 다양한 소수민족이 자리하고 있어 크고 작은 분쟁이 일어나는 나라이다.

이곳의 전기 공급 현황은 그리 좋은 편이 아니다. 인구의 약 1/4 정도만 전기 공급을 받고 있으며 대부분 도심지 부근으로 한정되어 있다. 우리나라에서 전기를 공급받지 못하는 사람은 0.01% 정도이지만 미얀마는 전체 인구의 75%가 전기를 공급받지 못하고 있다.

미얀마는 이라와디 강의 수자원이 풍부하여 수력발전을 주발전원으로 이용한다. 그러나 수자원이 줄어드는 건기에는 전력생산량이 줄어들어 안정적인 공급이 어렵다. 송배전 설비에 대한 기술적 인프라도 마련되어 있지 않아 전국 전력망 구축이 쉽지 않은 상황이다.

전력 공급량에 비하여 수요량이 증가하고 있는 미얀마에서는 자체적으

로 전력 생산 능력을 갖추는 것이 무엇보다 필요하다. 전기를 공급받지
못하는 도외지에서는 각 마을 중심부에 디젤 발전기를 설치하여 야간
시간대에 간헐적으로 전기를 공급한다. 경제적인 여유가 있는 가정에서
는 전해액 보충식 배터리를 구입하여 일정 금액을 지불하고 충전하여
전기를 사용한다.

[전해식 보충식 배터리]

실증 개념

미얀마 전력부의 발표에 따르면 미얀마는 약 51,973.8TWh/year의 태
양광 에너지원을 보유하고 있으며, 연평균 일조량은 4.29~5.57 kWh/
㎡/day에 달한다. 우선 미얀마 해외 실증 대상 후보군으로 만달레이 지
역과 양곤 지역을 선정했다. 각 지역의 기후 조사 결과는 오른쪽 표와
같다.

[미얀마 실증 후보군 현장 조사]

해외 실증 지역의 후보군을 현장 조사한 후 최종적으로 양곤 지역 내 칼
로케 마을(Khaloke Village)이 선정되었다. 칼로케 마을은 미얀마 최대
도시 양곤 시에서 차로 2시간정도 남쪽에 위치한 마을이다. 양곤 지역은
바다와 인접해 실증을 위한 물자 이동이 편리하고, 실증 지역 관리와 유
지보수가 편하다는 장점을 갖추었다.

양곤 중심가에서 약 2시간 정도 떨어진 칼로케 마을은 위도 16.4°, 경도
95.6°로 양곤에 비해 다소 아래에 있다. 총 가구 수 550가구, 인구 3,413
명으로 규모가 큰 마을이지만 전기를 사용하는 가구는 1/5도 미치지 못
하는 약 100가구에 불과했다. 이들 100가구 역시 대부분 전해액 보충
식 배터리를 이용하여 전기를 사용하고 있다. 게다가 배터리를 충전하
려면 3~4일에 한 번씩 오토바이를 타고 2~30분을 달려 유료 충전소까
지 가야만 했다.

구분	단위	만달레이	양곤
위도	°	22.0	16.8
경도	°	96.1	96.2
기온	℃	23.0	26.6
상대 습도	%	68.6	72.3
일일 태양복사 – 수평선상	kWh/m²/day	5.12	4.7
대지온도	℃	24.4	28.1

[미얀마 만달레이와 양곤 지역 기후 비교]

마을의 중심인 사원에 디젤 발전기가 있지만, 지하용수에 사용되거나 야간 시간대(18시~21시)에 마을의 가로등을 켜기 위해 쓰였다. 전력을 이용하는 가정은 주로 TV, 소형 선풍기, 조명 사용으로 하루 평균 약 290Wh 정도의 전력을 사용했다.

초기 시스템 설계 당시에는 우리나라의 도서 지역처럼 전력을 생산하는 발전원과 각 가정을 연결하는 송전 설비를 설치하는 마을 단위 Off-Grid를 구상하였다. 가정 단위 Off-Grid 역시 마을 단위 Off-Grid와 연동한 시스템으로 계획했었다.

그러나 실제 답사 결과는 달랐다. 송전 설비를 확충하기에는 각 가정 당 사용하는 전력이 매우 적었다. 우리나라에서 십여 가구가 사용할 수 있는 50kW급 발전 설비로 미얀마에서는 500여 가구에 전력을 공급할 수 있었다. 미얀마 실정에 맞춘 새로운 설계가 필요했다. 마을의 규모와 평소 전력에 따라 사용하는 방식(전해액 보충식 배터리 사용)을 벗어나지 않는 범위에서 설계가 진행됐다.

설계

먼저 마을 단위인 Village Off-Grid는 독립형 태양광 방식을 적용한 배
터리 충전 시스템에 주안점을 두었다. 현지인들이 배터리 충전을 위해
마을과 떨어진 충전소까지 가는 시간적 비용을 줄이고 배터리가 방전되
었을 때 언제든지 사용할 수 있는 시스템이다.

다음으로 가정 단위인 Home Off-Grid는 미얀마에서 사용하는 플러그
를 연결할 수 있도록 콘센트 방식을 적용했다. 전체적인 시스템 설계 방
식은 소형 인버터를 제작하고 컨트롤러에 연결하여 기존에 사용하고 있
는 AC부하와 LED의 부하를 사용할 수 있도록 변경하였다.

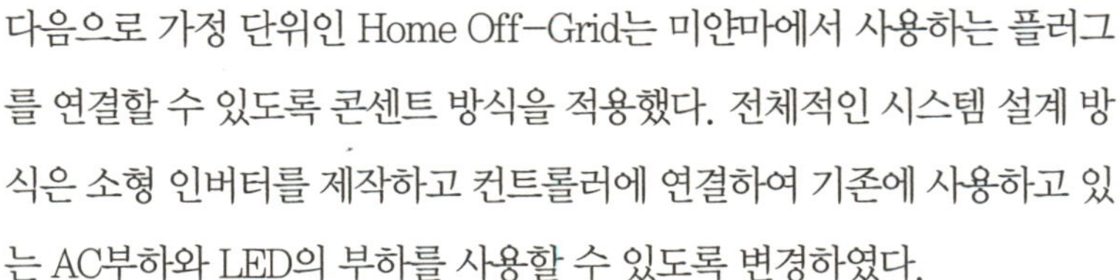

[K-MEG 미얀마 실증 현지 사용 부하]

특히 Village Off-Grid는 임의의 전력 계통과 연계하지 않고 태양광 발
전 설비만을 이용하여 마을 전체에 전력을 공급할 수 있다. 전력 생산 시
스템 구성은 발전측 부분과 부하측 부분으로 나뉜다.

발전 측 부분은 ①태양전지 모듈 Array, ②접속반, ③DC/DC 컨버터(컨
트롤러), ④배터리, ⑤인버터로 구성된다. 컨버터와 인버터는 한 외함
에 들어 있는 일체형 장비를 이용했다. 부하 측 부분은 각 가정에서 유
료 충전소까지 이동하는 불편함을 줄이기 위하여 12V 배터리용 충전 시
스템을 연동했다.

미얀마 K-MEG 연구과제는 최종적으로 사업화를 목표로 한다. 따라서
마을 단위 시스템 30kW를 하나의 시스템으로 설계하지 않고 다양한 조
건에 따라 총 4종류 시스템으로 분할 설계했다. 배터리 시스템 충전기
는 12V용으로 12V 배터리 충전이 가능하다. 단, 배터리 용량이 큰 제품
일수록 충전 시간이 길어진다.

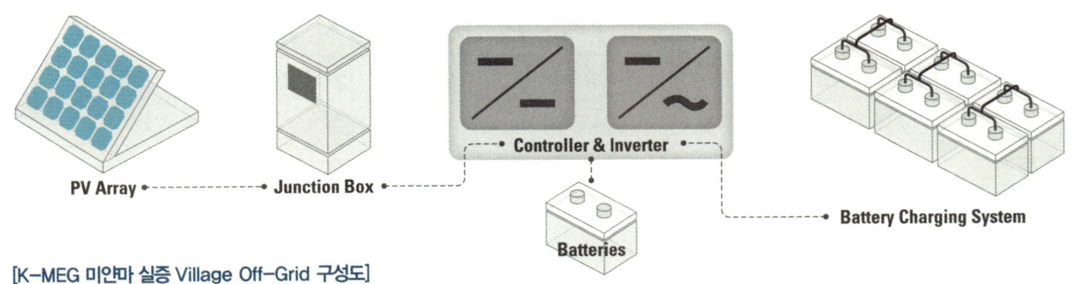

[K-MEG 미얀마 실증 Village Off-Grid 구성도]

태양광 발전 시스템은 현지 답사 후 진행하였다. 태양광 설치 용량은 총 30.75kW, 배터리 충전 시스템은 65단자를 설치했다.

태양광 발전 시스템은 대지 고정형과 지붕 거치형이 있다. 대지 고정형 구조물로 제작된 24.75kW의 태양광 발전 시스템은 마을 중심지 공터에 위치하여 주민들이 배터리 충전 시스템에 손쉽게 다가갈 수 있도록 하였다.

지붕 거치형 구조물로 제작된 6kW의 태양광 발전 시스템은 주민들이 자주 이용하는 사원 내에 설치해 이곳을 드나드는 주민들이 배터리를 충전할 수 있게 했다. 배터리 자체가 없는 주민들에게는 전해액 보충식 배터리를 지급했다.

Home Off-Grid는 Village Off-Grid와 마찬가지로 전력 계통과 연결하지 않은 채 가정 자체에서 필요한 전력을 생산하는 시스템이다. 가정용 소형 태양광 발전 시스템인 태양전지 모듈과 컨트롤러/인버터/배터리를 패키지화한 제품이다.

컨트롤러/인버터/배터리의 패키지화로 인하여 이동성이 높아지고 보관이 수월하며 유지보수가 쉽다. 또한 장소의 제약 없이 태양이 있는 어디에서든 발전할 수 있고 분산형 발전 시스템으로서 보급 또한 용이하다.

PV 용량	구조물	컨버터 & 컨버터	배터리용량	단자 수	추가 부하 설비	외형 재질
3kW -1	지붕 거치형	3kW	19.2kW	7	사원 전력 공급	SUS
3kW -2	지붕 거치형	3kW	4.8kW	8	無	SUS
9.75kW	대지 고정형	10kW	48.0kW	30	無	STEEL
15kW	대지 고정형	15kW	48.0kW	20	가로등 전력 공급	STEEL

[K-MEG 미얀마 실증 독립형 태양광 발전 시스템의 설계]

컨트롤러는 확장성을 고려하여 태양전지 모듈 500W까지 연결할 수 있도록 제작하였다. 인버터는 최대 전력점 추종 제어(MPPT)가 가능한 300W 제품으로 구성하였다. 배터리의 출력전압의 경우 초기 버전은 전압이 24V였으나 가정에서 보유한 제품 대부분이 12V이므로 전압을 12V로 변경하였고 편의성을 추구한 제품으로 수정 제작하였다.

하루 전력 사용이 290Wh인 점을 고려하면 250W의 태양전지 모듈을 이용한 Home Off-Grid는 다소 용량이 많을 것으로 보이지만 이를 사용하면서 사용 부하가 더 늘어날 것을 고려한 것이다.

Home Off-Grid는 250W Home Storage 80세트를 제작, 총 20kW를 보급하였다. 지붕의 상태, 마당의 유무를 고려하여 모듈 거치 형식을 지붕 고정형, 거치대 거치형 두 가지로 제작하였다. 12V 100Ah 배터리를 사용하여 부하 전력이 시간 당 75W일 경우 6시간 사용이 가능하다. Home Storage의 배터리와 직접 연결하여 사용할 수 있는 클립형 LED 램프를 제공하였고, 인버터에 부착되어 있는 AC220V 콘센트를 이용하여 AC부하도 이용이 가능하다.

[K-MEG 미얀마 실증 Village Off-Grid 대지 고정형 실증]

[K-MEG 미얀마 실증 Village Off-Grid 지붕 거치형 실증]

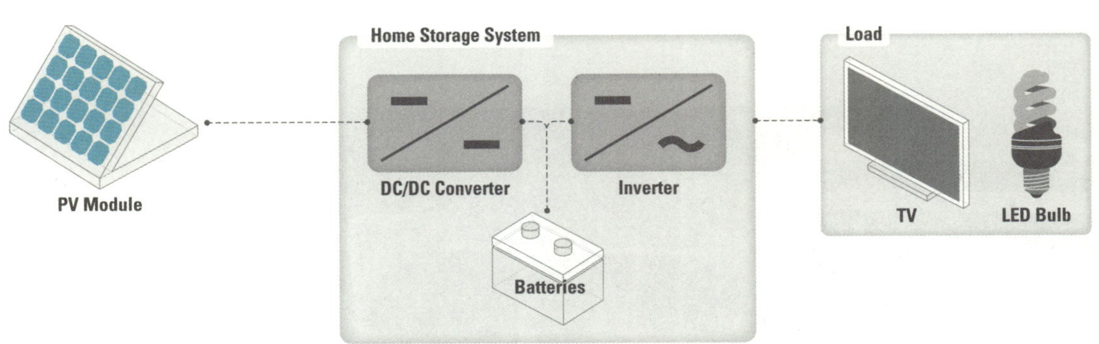

[K-MEG 미얀마 실증 Home Off-Grid 구성]

현재 모습

2012년 11월. K-MEG 국가과제의 Off-Grid 실증에 관한 준공식을 진행하였다. 태양광 발전 시스템 구축 및 250W Home Storage 보급에 대한 홍보를 위한 것으로 각 설비에 대한 설명 및 동작 시연을 진행하였다. 준공식에는 한진형 지식경제부 실장(現 산업부 차관), 우기훈 KOTRA 본부장, 김해용 주 미얀마 한국대사, 우서따 미얀마 국회 기획재정위원장, 우위홍 미얀마 상원의원 등 VIP가 참석하였다. 이와 더불어 국내외 기자 및 방송 관계자를 포함하여 약 700여 명이 준공식에 참석하였다.

[K-MEG 미얀마 실증 미얀마 준공식]

[K-MEG 미얀마 실증 250W Home Off-Grid 설치. 지붕고정형(좌), 거치형(우)]

향후 과제

미얀마의 경우 주 발전원으로 이용되고 있는 수력발전이 건기 시 수자원 부족이라는 단점을 가지고 있었다. 이를 보완할 수 있는 대체 발전원이 시급했다. 그중 태양광 발전 시스템은 수력발전과는 달리 건기 시에 더 활발하게 전력을 생산할 수 있었다. 그렇기 때문에 우기/건기가 확연한 지역에서 주발전원의 대체 설비로 적합한 시스템으로 인정받을 수 있을 것이다.

송전 설비의 기술적 인프라가 부족하여 각 지역에 골고루 전력공급을 할 수 없는 국외 지역은 헤아릴 수 없을 정도로 많다. 따라서 송전 설비가 필요치 않은 독립형 발전 시스템의 수요도 급증할 것이다. 특히 전력 사용량이 많지 않은 국가에서는 MW, GW 단위의 대용량 발전 시스템을 구축하는 것보다는 각 가정 단위, 마을 단위의 소규모 발전 시스템이 더 효과적이다.

하지만 전력공급망이 미약한 국가의 국민소득이 높지 않아 개인사업자가 10kW가 넘는 태양광 발전 시스템을 구축하기에는 부담이 된다. 이와 같은 발전 시스템은 정부가 나서서 공공시설로서 시스템을 보급한다면 더 가치가 높을 것이다. 마을 중심지에 태양광 발전 설비를 두고 저렴한 유료 서비스로 상용화 한다면, 마을을 연결하는 송배전 설비 구축 비용보다 더 적은 금액으로 더 나은 효과를 볼 수 있을 것이다.

K-MEG Off-Grid 실증의 결과는 기대 이상이었다. 미얀마 양곤 지역뿐만 아니라 각 주정부에서 Off-Grid에 대한 관심을 보이고 있으며, 아시아 국가뿐만 아니라 중동, 아프리카에서도 전력공급을 위한 Off-Grid 사업에 대한 문의가 끊이지 않고 있다.

국가나 국가 내의 각 지역마다 기후가 다르며 생활방식 또한 다르므로
단순히 정형화된 Off-Grid 제품으로는 사업화에 뛰어 들 수 없다. 특히
부하 자체가 거의 없는 가정에 전력공급 장치만을 보급하는 것은 무의
미한 일이다. K-MEG은 전력공급 장치와 부하를 패키지화한 '태양광
전원 일체형 LED 시스템' 개발을 진행하고 있으며, 이는 특히 아프리카
국가의 전력공급 사업에 환영을 받고 있다.

더 많은 사람들이 더 나은 복지 혜택을 누리기 위해서는 전력공급이 필
수적이다. 이를 이루기 위해서는 국가, 지역 맞춤형 Off-Grid 라인업 구
축은 꼭 필요하다. 앞으로 더 다양한 Off-Grid 제품 개발로 사람들이 더
나은 삶을 영위할 수 있도록 노력해야 하는 과제가 남았다.

풍부한 일사량을 이용한
OFF–GRID SYSTEM

미얀마의 전기공급이 너무나 열악하죠. 그런데 도시라고 전기공급이 안정적인 것은 아닙니다. 전기 생산량이 적으니까요. 도시의 공공기관이나 상업기관도 잦은 정전을 겪고 있고, 건물마다 비상용 발전기를 갖추고 있습니다. 제가 현지 답사를 위해 미얀마 출장을 나갔다 돌아오는 날 공항이 정전되기도 했어요.

미얀마는 수요량에 비해 발전설비가 턱없이 부족해요. 지역적 특성 때문에 송배전 전력망을 제대로 갖출 수 없는 곳도 많죠. 고심하던 미얀마 정부는 송배전망을 최소화하고 디젤 발전기 사용을 줄일 수 있는 방법을 찾기 시작했어요. 미얀마가 친환경 에너지에 관심을 갖기 시작한 것입니다. 수력을 비롯해 풍력, 태양광, 바이오 에너지를 활용할 수 있는 다양한 발전 설비를 구축하려고 해외 기업을 끌어 모으고 있었습니다.

당시 우리 팀은 전력 생산 태양광 발전 Off–Grid 시스템을 구축하기 위해 해외 실증 사이트를 찾고 있었어요. 그러던 중 미얀마 우 소테인 장관(당시 MIC 위원장, 전력부 장관 겸임)이 K–MEG 프로젝트에 대한 요청서를 제시하였습니다. 자국의 풍부한 일사량을 이용하여 중소 규모의 마을에 Off–Grid System 설치를 의뢰한 것이죠. 미전화 지역의 독립 그리드 사업화를 위한 해외 실증 사이트를 찾던 우리에겐 더할 나위 없는 제안이었습니다.

K-MEG
Business
Model
Smart Energy
The Role of Dist
K-MEG Forum, Seoul
Anders Dyrelund, Ramboll
RAMBØLL
GSBC Energy Management Center
에너지 절감 솔루션 구축 설명회
K-MEG FORUM
Total
Energy Solution
Development
K-MEG is the Korea's National Future Flagship Research
& Business Development Program that aims to develop
IT and grid-tied comprehensive solutions for energy savin
responding to energy production, supply and consumptio
www.k-meg.org
산 그리드 구축 과제 워크샵

최종 에너지 사용자의
입장에서 생각하다

한임무 팀장입니다. 벌써 K-MEG 사업단의 일들을 마무리할 때가 왔습니다. 함께해 준 팀원들 너무 고생 많았습니다. 한 명 한 명 모두 훌륭하고 멋진 동료들이었습니다. 그동안 저희들과 K-MEG를 위해 함께한 참여기관 관계자분들께도 감사인사를 전합니다.

지난 3년간의 내용을 간략히 정리하고 앞으로를 생각해 보고자 합니다.

앞에서 언급했듯 마이크로 에너지 그리드는 작은 지역을 묶어주는 개념이죠. 우리는 이 개념을 가장 중요한 부분이라고 생각하며 일을 진행하였습니다. 이처럼 에너지를 작은 지역으로 묶어 관리하는 마이크로 에너지 그리드 시스템을 갖춘다면 외부의 다양한 상황에 적절히 대응 할 수 있습니다. 동시에 시스템 내부의 여러 에너지 간 커뮤니케이션도 가능합니다. 이러한 시스템은 사용자 중심 에너지 관리 시스템의 바탕이 될 것입니다.

에너지 사용자는 어떻게 하면 전기, 가스 요금을 절약할 수 있나 고민하고, 국가는 국가 전체의 에너지 공급과 수급을 고민합니다. 입장의 차이가 분명 존재합니다. K-MEG은 그 생각의 차이를 줄이고자 노력하였고 에너지 사용자 입장을 생각하는 프로젝트입니다.

건물 소유주는 경제적인 에너지 운영을 최우선으로 원합니다. 이를 위해 외부로부터 들어오는 여러 에너지원을 효율적으로 사용할 방법을 찾습니다. 하지만 단일건물 내에서 활용 할 수 있는 에너지의 운영방식에는 한계가 있습니다.

이러한 한계를 극복하기 위해 단일 건물이 아닌 여러 건물을 묶어 에너지 생산
과 소비 관리는 방식을 생각해 볼 수 있습니다.

K-MEG은 건물 내 에너지 시스템에서 시작하여 여러 건물을 함께 묶어 에너지
를 관리하고자 했습니다. 이 관리는 건물 묶음을 상위에서 다시 엮어 주는 방식
으로 레고 블럭을 쌓듯 다양하게 확장해 갈 수 있습니다.

조금 더 쉽게 예를 들어 볼까요. 여기 국가대표를 꿈꾸는 축구선수가 있습니다.
공격과 수비에 능한 천부적인 재능의 선수입니다. 하지만 아무리 뛰어난 선수
라도 혼자서는 능력을 발휘하는 데 한계가 있습니다. 좋은 팀워크를 가진 팀을
만나 다른 선수들과 함께 소통할 때 선수가 가진 재능은 빛을 발하고 능력은
한 단계 더 성장합니다. 재능 있는 선수들과 전술적 운영은 우수한 팀을 만들어
낼 것이고, 각 지역의 우수한 팀들은 뛰어난 리그를 형성하여 사람들을 열광하
게 만들 수 있습니다. 선수 개개인을 건물로, 선수들이 모인 축구팀은 커뮤니티
로, 축구팀이 모여 만들어진 리그는 도시나 국가와 비유할 수 있겠습니다. 이는
K-MEG의 에너지 관리방식과 유사합니다.

마이크로 에너지 그리드 시스템이 구축되면 기존 매크로 에너지 공급자들도 많
은 이점을 얻을 수 있습니다. 사용자에게 에너지 분배를 담당해 줄 수 있는 지역
분배 시스템이 구축되는 효과가 있습니다. 이는 매크로 공급자가 개별 소비자와
일일이 접촉하지 않아도 된다는 장점이 있습니다. 또한 도시 재개발이나 신도시
확장 시에는 해당 지역을 담당할 수 있는 작은 규모의 그리드가 자연스럽게 형
성됩니다. 이를 통해 도시 설계 측면에서 에너지 인프라 확장이 쉬워집니다. 아
울러 건물 자체 내에서나 건물 묶음 내에서, 또는 도시 내에서 에너지 쉬프트나

에너지 쉐어링을 추구할 수 있습니다. 이로 인해 하나의 에너지원이 부족할 때 다른 에너지원에서 도움을 줄 수 있어 에너지 낭비를 최소화 할 수 있습니다. MEG에서 추구하는 솔루션은 공간적 오너십에 바탕을 두고 있습니다. 시스템과 데이터 및 운영전략은 건물 소유주의 의지에 따라 결정되기 때문입니다. 결국 시장을 선도할 비즈니스 모델의 성공 열쇠는 건물 소유주의 적극적인 참여 의사에 달려 있습니다. MEG는 에너지 낭비를 줄여 국가적 에너지 위기를 벗어나고 에너지 효율을 높일 수 있는 기술 솔루션과 건물 소유주에게 적절한 수익이 분배될 수 있는 사업적 솔루션이 동시에 개발되어야 성공할 수 있습니다.

앞으로 해결해야 할 과제가 많습니다. 에너지원 가격 현실화, 에너지원 간의 거래 시장형성, MEG 내의 추가적인 에너지 시스템의 설치 여부, 시스템 운영의 주체, 상위 또는 하위단과의 교류방식 등은 장기간에 걸쳐 꾸준히 사회적 합의가 필요한 부분으로 이를 위해서는 민간 영역을 원활히 지원하기 위한 공공부분의 종합적 협력체계 구축이 선행되어야 할 것입니다.
MEG를 통해 각 레벨에 맞는 에너지 시스템의 운용을 위한 새로운 일자리가 창출될 것으로 기대됩니다. 관련 시스템의 구축 또한 새로운 산업으로 자리매김 할 수 있을 것입니다.

MEG는 에너지 사용을 위해 구축되어 있는 기존 에너지 관리 시스템들과 연계될 수 있습니다. 더불어 스마트 시티와 스마트 그리드를 엮어 줄 수 있는 중간자적 역할을 훌륭히 수행할 것입니다. 분산화와 수요관리가 에너지 문제의 최대 현안으로 떠오른 지금, MEG는 새로운 대안이 될 것입니다. K-MEG이라는 사례를 통해 한국의 에너지 미래에 도움이 되며 새로운 에너지 패러다임으로 변하는 계기가 되길 바랍니다.

A
___

AHU   **Air Handling Unit** 공조조화기

AMI   **Advanced Metering Infrastructure** 지능형 검침 인프라

에너지 소비자와 공급자 간의 양방향정보교환을 위한 인프라

Auto DR **Automated Demand Response** 자동 수요반응

B
___

BAS   **Building Automation System** 건물 자동화 시스템

대형 빌딩의 냉난방 · 조명 · 방범 등 관리기능을 관제실에 설치된 관리 전용 컴퓨터로 조절하는 시스템

BEMS **Building Energy Management System** 건물 에너지 관리시스템

건물 내에서 사용하는 에너지를 효율적으로 관리해 주는 시스템

BIPV **Building Integrated Photovoltaic** 건물 일체형 태양광발전

건물 외피에 전지판을 이용하는 건물 외장형 태양광발전 시스템

BSS   **Billing Service System** 과금시스템

C
___

CD   **Construction Document** 실시 설계

CHP   **Combined Heat and Power Plant** 열병합발전

발전용 터빈을 구동하여 생산한 전력을 자체 사용하거나 역송하여 판매하고,
폐열은 고압증기와 온수를 생산하는 데 이용하는 시스템

D
___

DCU   **Data Concentraion Unit** 데이터 집중 장치

DD   **Design Development** 기본 설계

DRMS **Demand Response Management System** 수요반응 관리 시스템

DRMS **Distribution Remote Management System** 배전원격 관리 시스템

E
___

ECM   **Energy Conservation Measure** 에너지 보존측정

EHP   **Electric Heat Pump** 전기 히트펌프

ESCO **Energy Service Company** 에너지 절약 전문기업

ESS **Energy Storage System** 에너지 저장 시스템

발전소에서 과잉 생산된 전력을 저장해 두었다가 일시적으로 전력이 부족할 때 송전해 주는 저장장치

E-TOC **Energy Total Operation Center** 에너지 통합 운영 관제 센터

F

FAB **Fabrication Facility** 실리콘 웨이퍼 제조공장

FEMS **Factory Energy Management System** 공장 에너지 관리 시스템

일선 공장 곳곳에 센서를 설치해 실시간으로 전력량을 분석한 뒤 전기 사용량을 가장 적당한 규모로 조절하는 시스템

FIDIC **International Federation of Consulting Engineers** 국제 엔지니어링 컨설팅 연맹

FMS **Facility Management System** 설비 관리 시스템

G

GHP **Gas Engine Heat Pump** 가스 히트펌프

가스를 열원(LNG, LPG)으로 하는 가스 엔진의 동력으로 구동되는 압축기에 의해
냉매(R407C)를 실내기와 실외기 사이의 냉매관으로 흐르게 하여 액화와 기화를 반복시켜
여름에는 냉방기로, 겨울에는 난방기로 이용하는 가스 냉난방기

H

HVDC **High Voltage D.C** 고압 직류배전

발전소에서 발전되는 고압의 교류전력을 전력변환기를 이용해 효율성 높은
고압의 직류전력으로 바꿔서 송전한 후 원하는 지역에서 다시 전력변환기를 통해
교류전력으로 다시 변환시켜 공급하는 방식

I

IGCC **Integrated Gasification Combined Cycle** 가스화 복합발전

석탄원료로부터 전기뿐 아니라 수소, 액화석유까지 만들 수 있는 차세대 석탄발전기술

K

kgf/cm² **Kilogram-Force per Square Centimeter** 압력 단위

M

M&V **Measurement & Verification** 성능검증

MDMS **Meter Data Management System** 계량 데이터 관리 시스템

MEB   **Micro Energy Block** 마이크로 에너지 블록

MEG   **Micro Energy Grid** 마이크로 에너지 그리드

MOA   **Memorandum of Agreement** 사업실시 협약

조약에 관한 국제협약에 의한 국가 간의 합의로,
양해각서(MOU) 체결 후 이에 대한 사항을 구체적으로 명시화하여 계약을 한 것

MOU   **Memorandum of Understanding** 양해각서

기업 사이에 합의해 작성하는 양해각서는 주로 정식계약을 체결하기에 앞서,
쌍방의 의견을 미리 조율하고 확인하는 상징적 차원에서 이루어지는 것

MPPT   **Maximum Power Point Tracking** 최대 전력점 추적

N

NIALM   **Nonintrusive Appliance Load Monitoring** 장치별 전력 모니터링

O

ORC   **Organic Rankine Cycle** 유기 랭킨 사이클

P

PCS   **Power Conversion System** 전력변환장치

PE-IGG   **Plasma Enhanced - Integrated Gasification Generation** 플라즈마 가스화 발전

PF   **Project Finance** 사업주로부터 분리된 프로젝트에 자금을 조달하는 것

자금조달에 있어서 자금 제공자들은 프로젝트의 현금 흐름을 우선 고려해 대출을 결정하고,
프로젝트에 투자한 원금과 그에 대한 수익을 돌려 받는 자금구조를 의미.

PQ   **Pre-qualification** 사전 심사

PV   **Photovoltaic** 태양광발전

빛 에너지를 전기에너지로 변환시켜 주는 기술

S

SPC   **Special Purpose Company** 특수 목적 법인

TOE   **Ton of Oil Equivalent** 석유 환산톤

지구상에 존재하는 모든 에너지원의 발열량에 기초해서 이를 석유의 발열량으로 환산한 것

V

VAC **Voltage AC** 교류전압

VAV **Variable Air Volume** 변풍량 방식

    실내 부하의 증감에 따른 송풍량을 조절하여 공조하는 방식

VPN **Virtual Private Network** 가상사설망

VPP **Virtual Power Plant** 가상발전소

    소프트웨어 시스템을 이용해 원격지에서 자동으로 송전 제어를 수행하며,
    발전, 수요, 축전자원 배분 최적화를 행하는 것

Micro Energy Grid
세상을 움직이는 에너지
http://www.k-meg.org

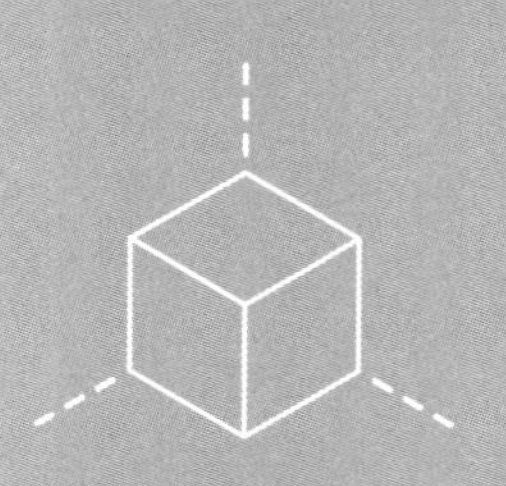